W0344011

WERNER ROSENBERGER

IM COTTAGE

WERNER ROSENBERGER

IM COTTAGE

Wiens erste Adressen und ihre berühmten Bewohner

METROVERLAG

INHALT

82

MENSCHEN IM COTTAGE

LEBEN WIE AUF SOMMERFRISCHE

Es gibt Gegenden, deren Geschichte wie ein schwerer alter Hund neben uns liegt. Schon das Wort „Koteesch“ hatte für die Erzählerin und Lyrikerin Trude Marzik „etwas unsagbar Vornehmes, Unbekanntes und Einschüchterndes“.

Die „Koteesch“. Aber: Das Cottage. Ein Grätzel mit Goldrand. Mit alten Villen und grünen Alleen. Mit einem Resthauch von Biedermeierruhe. Häuser „auf der Wiener Countryside“. Häuser voller Geschichte und Geschichten. Das wohlhabende Wiener Bürgertum zog es in der zweiten Hälfte des 19. Jahrhunderts an den Rand der Stadt, in die Vororte. Ins Cottage nach Währing und Döbling, wo eine Villenlandschaft entstand. Wo heute noch Ruhe und Gemütlichkeit wohnen. Wo die Stadt kein Dickicht ist.

Das schnellste im Cottage sind die Jogger. Der Rest ist Slow City und der Charme der Bourgeoisie diskret. Ein Spaziergang durch Währing und Döbling führt durch ein Dorf in der Stadt. Und das wirklich Sympathische daran: Es ist gepflegt, aber nicht geschniegelt.

Dort lassen sich Häuser und Villen in Erinnerung gebliebener oder auch vergessener Literaten, Schauspieler, Gelehrter, Industrieller und Abenteurer entdecken. Wenige haben ihr ganzes Leben hier gewohnt, viele nur für kurze Zeit. Die ersten waren sehr gut zu Fuß oder fuhren mit gemieteten Kutschen in die Innenstadt und von dort nach Hause. Ab 1889 rüttelte die Pferdebahn ins Viertel und ab 1907 die Straßenbahnlinie 40 von der Börse über die Alserbachstraße und die Sechsschimmelgasse bis zum Währinger Gürtel. Von dort bog der 40er in die Sternwartestraße und in die Gymnasiumstraße ein, vorbei am Währingerpark, der 1923 auf dem Boden des ehemaligen „Währinger allgemeinen Ortsfriedhofs" angelegt wurde, auf dem unter anderen Franz Grillparzer und Johann Nestroy begraben lagen.

An der Cottage-Apotheke fuhr die Tramway um die Kurve über die Hasenauerstraße, der Grenze zwischen dem 18. und 19. Bezirk, bergauf weiter bis zum Linnéplatz am Ende des 1888 auf private Initiative angelegten Türkenschanzparks. In dieser Gegend hatten sich die Türken 1683 gegen die Entsatzheere verschanzt.

Knapp 200 Jahre später erwarb der auf Initiative von Edmund Kral und des Star-Architekten der Wiener Ringstraße, Heinrich von Ferstel, gegründete Cottage Verein Grundstücke auf dem Gelände der Schotter- und Sandgruben unterhalb der Türkenschanze. Eine Wohnanlage mit Ein- und Zweifamilienhäusern sollte dort entstehen und den Vorstellungen vom modernen, gesunden Wohnen entsprechen.

Die Schirmherrschaft übernahm der Bruder des Kaisers, Erzherzog Karl Ludwig. Und im Cottage-Servitut, einer Erklärung, die jeder Käufer eines Grundstücks unterzeichnen musste, wurde verpflichtend festgeschrieben, nichts hinzuklotzen, was den Nachbarn die Aussicht, die Ruhe, das Licht oder die frische Luft rauben würde.

Der Mythos Alt-Wien besagt, dass die Donaumetropole sein besonderes Flair aus der Vergangenheit bezieht. Dass jede Erneuerung die Gefahr der Zerstörung des Vertrauten birgt. Diese These bestätigt sich, auch wenn Karl Kraus in seinen „Aphorismen" schrieb: „Ich muss den Ästheten eine niederschmetternde Mitteilung machen. Alt-Wien war einmal neu."

Auch am grünen Rand der Stadt: In Wien war das Frühere immer das Bessere. Man hat nie aufgehört, den Verfall zu beklagen. Früher, ja früher, da war doch alles ganz anders! Es gibt ihn noch: den Wunsch nach dem intakten Idyll. Als das Nützliche und das Schöne noch nicht verfeindet waren. Als Heinrich von Ferstel im 19. Jahrhundert das Cottageviertel nach dem Vorbild der englischen Gartenstädte gründet, meint der Traum vom Anderswohnen schlicht Häuser im Grünen.

Heute leben im Währinger Cottage rund 2.000 und im Döblinger Pendant jenseits der Hasenauerstraße mehr als 3.000 Menschen. Und was man nicht vermuten würde: Über das Nobelviertel blickt an der Ecke Türkenschanzstraße / Haizingergasse hoch droben von einer Dachterrasse der riesige Kopf einer alten Statue von Wladímir Iljítsch Uljánow, besser bekannt als Lenin. Ein Kunstsammler ließ ihn sich von einem Freund aus Budapest hierher bringen, als 1989 beim Fall der Mauer im Osten überall die Insignien der kommunistischen Vergangenheit beseitigt wurden. Seither wacht Lenin über das Währinger Cottage.

Und ganz in der Nähe, in der Sternwartestraße 65, steht ein orange bemalter Stier auf dem Balkon, offenbar das Requisit der dort eingemieteten Film- und Fernsehproduktionsfirma. Dafür sucht man Gaststätten und Cafés hier vergebens. In Rudolf Nenstils Hotel-Restaurant „Zum Türken" von 1903 in der Peter-

Jordan-Straße 76, einst Endstation des 40er-Wagens, hatte ab 1920 ein Arbeitergesangsverein von Gräf & Stift sein Vereinslokal. Heute gehört das Haus zur Universität für Bodenkultur. Und der Cottage-Eislaufverein mit Clubhaus an der Ecke Gymnasium- und Hasenauerstraße, wo man im Sommer „Lawn-Tennis“ spielte, existiert auch nicht mehr.

Aber manchmal ist die Vergangenheit auch nur unerfüllte Gegenwart – in der Stadt, in der jede noch so kleine Veränderung des Stadtbildes heftig diskutiert wird. Wie heißt es doch so treffend: Österreich blickt stets optimistisch in die Vergangenheit. Immerhin, optimistisch – und lebensfroh.

Spaziergänge lohnen sich dort, wo Wien immer noch wie im Dornröschenschlaf wirkt. Wo sich der Zauber einer verklungenen Epoche erhalten hat. Das Cottage – ein Viertel wie aus einem bebilderten Märchenbüchlein. Traumhafte Villen in lebensvoll romantischem Flair. Kühle, großzügige Eleganz ohne Pomp und

Protz. Zum Verlieben. Einige betagte Häuser mit respektabler Patina haben etwas Melancholisches. Bei anderen klingt die einstige Pracht an.

Ein teures Pflaster war die Splendid Isolation hinter den Alleebäumen immer. Auch der bereits sehr erfolgreiche Arthur Schnitzler musste sich von seinem Bruder und der Sparkasse Geld leihen, um im Cottage leben zu können, wo er die letzten 21 Jahre bis zu seinem Tod verbrachte. Und heute? Ein Baujuwel des Adolf-Loos-Schülers Alexander Ferenczy ist in der Gustav-Tschermak-Gasse 13 um 5,6 Millionen Euro zu haben.

Aber an manches von einst erinnern nur noch Bilder aus dem Archiv: Das Grundstück, auf dem einst die Josef-Hofmann-Villa von Beer-Hofmann stand, ist auch Jahrzehnte nach dem Abriss noch unbebaut. Die Villa Oberwimmer, 1880 nach Plänen der berühmten Theater-Architekten Fellner und Helmer in der Weimarer Straße 49 errichtet, war noch stilvoller Prunk. Nach dem Abriss entstand eine gesichtslose Wohnanlage.

Wenn Häuser reden könnten, sie hätten viel zu erzählen. Wie sich die „Nobelwelt" einst „herankarossieren" ließ. Wie sie die Leichtigkeit des Seins genoss. Der Charakter des Cottage hat in den letzten Jahrzehnten trotz Ensembleschutz mancherorts gelitten. Vor allem durch Bausünden aus den 50er- und 60er-Jahren. Und immer noch werden Neubauten errichtet, die den Prinzipien der Gründerväter in keiner Weise entsprechen. Aus einer ganzen Reihe repräsentativer Häuser wurden Residenzen und Botschaften: Wo bis Anfang der 80er-Jahre der Entertainer Peter Alexander wohnte, hat heute Indonesien seine diplomatische Vertretung. Wo Theodor Herzl zu Hause war, ist die Thailändische Botschaft eingezogen.

Aber auch für Couch-Potatos gibt es einiges zu entdecken: In den Geschichten über Menschen einst und heute. Über ein Wien, wie es einmal war und nicht mehr ist. Wer hat in den schmucken Gebäuden gelebt? Wo hat sich Arthur Schnitzler mit seiner Frau

Olga gestritten und an „Das weite Land“ gearbeitet? In welchem Haus traf Gustav Mahler seinen Freund aus Studientagen? Wo ist Arik Brauers Privatmuseum zu finden? Wie kam Emmerich Kálmán in die Sternwartestraße, als Wien im schweren Operettenfieber lag? Wie verlief das Drama um die Söhne der früh verstorbenen Sopranistin Maria Cebotari?

Hätten Sie es gewusst? Alexander Girardi hat im Rosenkrieg mit seiner Frau Helene Odilon in einem Backsteinbau in der Hasenauerstraße Zuflucht gesucht, um der zwangsweisen Einweisung in eine Nervenheilanstalt zu entgehen. Und paradox, dass aus der durchgrünten Gegend ausgerechnet der Wüstenforscher Alfons Gabriel kam.

Viele wie der Autor und Journalist Georg Stefan Troller oder die Komponisten Emmerich Kálmán und Erich Wolfgang Korngold haben ihre Heimat durch die erzwungene Flucht ins Exil verloren. Vielen haben die Nationalsozialisten Vermögen und Besitz geraubt, manchen sogar das Leben.

Alle waren sie irgendwann da – ob nur kurz als Besucher oder länger als Bewohner: Franz Liszt bei Theodor Leschetizky, Gustav Mahler bei Guido Adler, Josef Kainz bei Hugo Thimig, Elisabeth Bergner bei Arthur Schnitzler … „Es ist ein Leben wie auf Sommerfrische“, sagen einige, die im Cottage Ruhe, Erholung, Entspannung – den Weg zu sich selbst gesucht und gefunden haben. Und die Stille als Voraussetzung von Musik, von Kreativität, von Selbstfindung. Stille als Bestandteil von besonderen Augenblicken des Lebens, als Teil von Glück oder als Beginn von etwas Großem. Stille als Ausdruck für etwas, das nicht in Worte zu fassen ist.

Historische Villen voller Geschichte und Geschichten. In einer ereignete sich am Allerheiligentag des Jahres 1906 eine Habsburgertragödie. In anderen lebten Künstler wie Johannes Heesters oder die Schauspieler-Dynastie Thimig. Der Dichter Richard Beer-Hofmann schrieb mit dem „Schlaflied für Mirjam“

in seinem Haus das wohl berühmteste Gedicht der Zeit um 1900. Und Felix Salten hatte mitten im durchgrünten Herz des Viertels, in der Cottagegasse, seine Inspiration für „Bambi" und „Josefine Mutzenbacher".

Sigmund Freud ließ sich ebenso wie Giacomo Puccini im Cottage-Sanatorium behandeln. Dort ging das abenteuerliche Leben von Slatin Pascha zu Ende, der es vom Buchhändlerlehrling aus Wien zum geadelten Liebling des British Empire brachte. Gustav Klimt und Koloman Moser saßen im Garten von Mäzen und Kunstsammler Friedrich Waerndorfer, der sich sein Haus in der Weimarer Straße 59 von Josef Hoffmann ausstatten ließ, die Wiener Werkstätte mitbegründete und innerhalb von zehn Jahren sein Vermögen verlor.

Dieses Viertel Wiens ist ein idyllischer Ort – eine echte Oase. Das Vorbild war eine englische Gartenstadt. Die rundum belichteten, freistehenden Stadtvillen – allesamt mit einem Vor- und Hintergarten – entsprachen jener Vision gesunden Wohnens, die seit jeher der „besseren Gesellschaft" vorbehalten war. Stolze Häuser mit Patina, zwischen 1873 und 1930 errichtet, machen den Charme des Grätzels aus. Wo sich ein historischer Prachtbau mit viel Grün an den nächsten reiht: Schauplätze für berührende, skurrile, komische und tragische Episoden und Ereignisse.

ARIK BRAUER
DER PHANTASTISCHE REALIST

Ein Mann mit vielen Facetten und vielen Talenten: Humorvoll und ernst, selbstbewusst und bescheiden ist Arik Brauer, wachsam, beweglich, neugierig, unruhig. Kosmopolit und Ur-Wiener. Maler, Sänger, Liedermacher, Dichter, Tänzer, Bühnen- und Kostümbildner, Keramik- und Baukünstler, Lehrer, Erzähler, Zeitzeuge. Vor allem: Phantastischer Realist oder realistischer Phantast. Wer weiß das schon? Jedenfalls ein Optimist, der die Welt mit den Augen eines Kindes und dem Geist eines Philosophen sieht.

„Man wird schon zum phantastischen Realisten, wenn man in Ottakring aufwächst“, witzelt Arik Brauer. „Die Armut und das Elend produziert natürlich Phantasie. Weil die Leute ununterbrochen etwas erfinden müssen, damit sie existieren können.“

Nein, es war keine gute Zeit, in die er hineingeboren wurde. 1928/29 war der kälteste Winter der letzten 200 Jahre. Die Donau bedeckte im Jänner und Februar von der Wachau bis nach Hainburg eine fast durchgehenden Eisdecke von 50 Zentimetern und mehr. An vielen Stellen konnte man „über die Donau“ gehen.

Am 4. Jänner des Jahres 1929, als der New Yorker Börsenkrach bis nach Österreich wirkt und die faschistische Heimwehr der jungen Demokratie das Fürchten lehrt, erblickt der kleine Erich Brauer das Licht der Welt – als Sohn eines aus Litauen eingewanderten ostjüdischen Schuhmachers. Und wächst auf in einer bescheidenen „Zimmer-Küche-Wohnung mit Wasser und Klo

am Gang“, sagt Brauer, „so wie eben damals die meisten Menschen gelebt haben. Aber wir haben nie Hunger gelitten. Das Leben bei uns in Ottakring hat sich hauptsächlich in Richtung Wienerwald abgespielt – die Ziege im Hof war damals wahrscheinlich der einzige Bewohner im Haus, der kein Antisemit war. Und in die Stadt ist man wie ins Ausland gegangen. In die Stadt – das war über den Gürtel. Aber dort, wo die Gstopften wohnten, wie es hieß, ging man eigentlich nicht hin.“

Der Arbeiterbezirk, wo das Leben sein wahres Gesicht zeigt, ist ein hartes Überlebenstraining. „Wer als Kind Mitglied einer Bubenbande war, kann ohne Illusionen ins Erwachsenenleben treten.“ Als Kleinster musste er schlau sein und Strategien entwickeln, um nicht unterzugehen.

Aus seinen Jugenderinnerungen über das Vierer-Haus am Ludo-Hartmann-Platz hat der Maler und Chansonnier direkt und mitleidlos in seinem Programm „A Gaude war's in Ottakring“ erzählt. In Worten und eigenen Liedern wie „Mir wärn gern Rassisten“ oder „Sing ma amal von der Freiheit“ … Ohne

Bitterkeit, Eitelkeit und Larmoyanz. Mit Weisheit und Witz. Mit Gelassenheit statt Groll.

Brauer hat nicht vergessen, wie man ihn einst als „Judenbengel“ beschimpfte. „Ich wurde erst durch den Antisemitismus belehrt, dass ich ein Jude bin. Ohne Nazi wäre ich kein Jude.“ Aber dass er die Nazis überlebt hat, lässt ihn heute milde lächeln. Lässt ihn gelassen, ohne Grimm, ohne geballte Faust oder erhobenen Zeigefinger sagen: „Der Antisemitismus ist auch nimmer das, was er einmal war. Heute darf ich doch eh auf dem Gehsteig spazieren, damals musste ich im Rinnsal gehen.“

Der Vater wird von den Nazis im Konzentrationslager ermordet. Arik bleibt mit Mutter und Schwester in Wien, arbeitet als Tischlergehilfe für den „Ältestenrat der Juden in Wien“ und überlebt das Ende der Nazi-Diktatur als „U-Boot“, versteckt in einem Schrebergarten am Wilhelminenberg. „Der Krieg war aus. Und für mich war es so, wie sich ein Engerling als Schmetterling fühlt“, erinnert sich Brauer. „Ich war unterernährt, hatte nur Holzsandalen und ging mit 16 Jahren an die Akademie der bildenden Künste am Schillerplatz, um Malerei zu studieren.“ Außerdem Gesang an der Musikschule der Stadt Wien. Sein Leben hat „einen dynamischen Verlauf“ ab 1945. Er spricht von „idealen Bedingungen unmittelbar nach dem Krieg. Es war die absolute Stunde Null. Vieles konnte entstehen.“ Aus ihm und seinen Studienkollegen Anton Lehmden, Ernst Fuchs, Rudolf Hausner und Wolfgang Hutter entsteht eine verschworene Fünferbande, deren „Wiener Schule des Phantastischen Realismus“ zur ersten erfolgreichen Kunst-Trademark im Nachkriegsösterreich wird.

Brauer: „Aber bald war klar: Das 20. Jahrhundert ist abstrakt. Während wir uns auf die Renaissance, auf Hieronymus Bosch, auf den Jugendstil bezogen. Und mich Brueghel enorm beeindruckt hat. Die Brueghel-Bilder in Wien sehen ja aus, als wären sie gestern gemalt worden.“

Ab 1951 fährt er mit dem Fahrrad quer durch Europa und

Afrika und lebt als Sänger und Tänzer in Israel, wo er Naomi Dahabani kennenlernt und heiratet. Mit ihr lebt er sechs Jahre in Paris, damals „das Zentrum der Malerei", muss anfangs sogar unter Brücken schlafen, verbringt aber „einige seiner glücklichsten Jahre" in der Stadt an der Seine. Später tritt das Ehepaar gemeinsam unter dem Namen Naomi et Arik Bar-Or erfolgreich mit Volksliedern auf. Er hat Erfolg mit ersten Ausstellungen.

Mit dem dabei verdienten Geld baut sich Brauer in Israel aus einer Ruine ein Haus in einem Olivenhain am Land, geht aber dann doch nach Wien. Seit 1965 lebt er abwechselnd hier und im Künstlerdorf Ein-Hod in Israel. Wo fühlt er sich mehr zu Hause? „Sterben möchte ich, wie alle Juden, in Israel, aber leben tu ich lieber in Wien. Ich bin sehr glücklich in Wien, die Stadt ist in jeder Hinsicht wunderbar."

Die erste Schallplatte mit Protestliedern im Wiener Dialekt unter anderem mit „Sie ham a Haus baut" und „Sein Köpferl im Sand" erscheint. Sie greifen politische und gesellschaftliche Reizthemen auf.

Als die dritte Tochter Ruth unterwegs ist, wird die Wohnung am Ziehrerplatz im 3. Bezirk zu klein. Naomi Brauer bekommt einen Tipp von ihrem Arzt in der Hasenauerstraße. Sie besichtigt eine Gründerzeitvilla im Währinger Cottage. Ihr rasch herbeigerufener Mann sagt noch im Hausflur des Jugendstilbaus mit den Original-Butzenscheiben in den Fenstern lakonisch: „Passt. Ist gekauft." Das war 1971. Nach mehr als einem halben Jahrhundert gemeinsamen Lebens sagt er: „Meine Frau hat immer das Glück in die Familie gebracht."

Ihre Idee war auch die Einrichtung eines Privatmuseums im Souterrain, das nach Voranmeldung besucht werden kann. Eigentlich ein Teil des Ateliers. „Sie fand, dass es schade ist, wenn die Sachen in einem Keller herumstehen", sagt Brauer. Hier finden sich neben Ölgemälden, Figuren, Zeichnungen und auch Keramik-Skulpturen Karikaturen von Gartenzwergen, die

Namen wie „Der Klugscheißer", „Die Hausmeisterin" oder „Die Wahrheit im Suff" tragen.

Mit dem nur zwei Tage älteren Malerkollegen Anton Lehmden, Besitzer von Schloss Deutschkreutz, ist er sich einig: „Wir haben unsere Schlösser und Villen nicht geerbt. Wir haben sie uns ermalt." So wie jeder Mensch einen Nestbauinstinkt hat und sich seine Umgebung gestalten will, so wird auch Brauers eigenhändig ausgemaltes Heim, Baujahr 1883, ein Kunstwerk. Ein

Gesamtkunstwerk mit sehr persönlicher Prägung und *work in progress*. Mit Fliesenmosaiken an den Fassaden. Auch im Haus wuchert die Kunst. Arik Brauer braucht sie zum Leben und für sein Wohlbefinden beim Wohnen. Vom großen, zentralen Wohnzimmer mit den malerisch gestalteten Wänden geht es nahtlos ins sehr helle Atelier – mit einem großen Fenster und einer Oberlichte. Aber Wohnzimmer sagt Naomi Brauer auch gern zum duftenden Rosengarten, in den manchmal Enten aus dem Türkenschanzpark auf Besuch kommen.

Auf der Staffelei steht ein Bild für die Ausstellung „Le dor va dor. Von Generation zu Generation" im Jüdischen Museum Wien in der Dorotheergasse. Für einen Bilder-Zyklus über die Haggada, das Buch für das jüdische Pessachfest. Der detailversessene Maler mit seiner „Erzählwut" will „Pflanzen erfinden und Maschinen erfinden und Situationen erfinden." So entstehe „das Wuchernde", das er anstrebe: paradiesische Landschaften, Pflanzen, Tiere, Fabelwesen …

Brauer: „Ich wollte schon mein ganzes Leben lang eine erzählende, figurative Malerei machen, die ins Phantastische geht und die sogenannte Wirklichkeit nicht abkonterfeit." So bringt er seine Fantasiewelt „über Schleichwege ein. Aber frei erfundene Gebilde behalten einen wahren Realitätsanspruch. Sie könnten existieren, oder sie werden vielleicht einmal existieren."

Die Natur ist ihm Inspiration. Und das Alte Testament. „Ein Menschheitskunstwerk allerersten Ranges. Die Bibel ist als Kunstwerk von überwältigender Kraft, in diesem Sinne auch heilig, und man könnte sie als Phantastischen Realismus bezeichnen."

Er sieht im Alten Testament „das größte Kunstwerk aller Zeiten, gewissermaßen überirdisch. Es beinhaltet frei schwebende Fantasie und historische Wahrheiten, was meiner Malerei als Thema sehr entgegenkommt."

Nein, religiös sei er nicht. Jedenfalls nicht in dem Sinn, dass er an die Existenz einer höheren Kraft glaube, die er sich irgendwie vorstellen könne. Und Mitglied der Israelitischen Kultusgemeinde sei er eher aus Tradition – und weil sie über den religiösen Aspekt hinaus „eine Bedeutung habe als Vereinigung einer Minderheit".

Agnostiker sei er, geradezu antireligiös, „weil alle Religionen zwar großartige kulturelle Kräfte entwickeln und entfalten", aber summa summarum „fürchterliche Dinge angerichtet haben und unser logisches Denken sehr belasten". Schließlich habe nicht Gott den Menschen erschaffen, sondern umgekehrt: „Der Mensch hat Gott erschaffen."

Den Vater von drei Töchtern interessiert die Zukunft seiner acht Enkelkinder „wahnsinnig, da bin ich voll mit Hoffnung und Sorge. In meinem Alter weiß man schließlich, welche Gefahren überall lauern." Die Sängerin Timna Brauer bewohnt mit ihrem Mann, dem Pianisten Elias Meiri, und ihren Kindern Jasmin und Jonathan das nach eigenem Geschmack ausgebaute Dachgeschoß in der Villa ihrer Eltern.

Für die Künstlerin ist das Badezimmer, stilgerecht mit einer phantastisch-realistischen Brauerschen Meerjungfrau an den Fliesen, einer der behaglichsten Orte, „weil Baden und Wasser für mich zugleich Abbau von Stress bedeuten". Sämtliche Badezusätze „bringen wir direkt vom Toten Meer in Israel mit, und dadurch erinnert mich jedes Bad auch an die Schönheit von Israel, an Freizeit und ein wenig an Ferien".

„Ich gehe ja jetzt in die letzte Runde", meinte Brauer mit dem ihm eigenen Humor kurz vor seinem 85. Geburtstag. Mit 70 Jahren war er noch am Großglockner. Auch mit dem Skifahren hat er jetzt aufgehört. Im Leben hätte er eigentlich nur eines versäumt: auf einen Achttausender zu klettern. Er habe sein ganzes Leben lang in die Zukunft geschaut und habe die Absicht, das fortzusetzen bis zum letzten Tag: „Auch wenn ich sterbe, werde ich in die Zukunft schauen …"

www.arikbrauer.at

WEIMARER STRASSE 65

MARIA CEBOTARI
DIE CHARAKTERSOPRANISTIN

Tote Filmstars haben mit den früh Verstorbenen der Opernwelt eines gemeinsam: Sie bleiben ewig junge Idole. Unsterblich wie Fritz Wunderlich und Lucia Popp. Oder Maria Cebotari (1910–1949). Als wär's ein Schlösschen aus einem Märchenbuch, so wirkt das von Architekt Carl von Borkowski 1887 errichtete Einfamilienhaus in der Weimarer Straße, in dem die Sopranistin mit ihrer Familie von 1948 bis zu ihrem tragisch frühen Tod ein Jahr später lebte.

Ihre unverwechselbare, erotisch-ausdrucksvolle Stimme berührt die Menschen durch Film- und Tonaufnahmen bis in die Gegenwart. Die in Kischinew, heute Moldawien, gebürtige Sängerin ist eine Interpretin der großen Frauenrollen in den Opern von Mozart, Strauss, Verdi und Puccini. Als Partnerin des dänischen Tenors Helge Rosvaenge feiert sie vor allem an der Berliner Staatsoper große Erfolge in „La Traviata“, „La Bohème“ und „Madame Butterfly“.

Als weltweit umjubelte Operndiva und populärer Filmstar hat sie in Wien ihre letzte künstlerische Heimat, ihr Repertoire umfasst fast 50 Opernrollen. Richard Strauss hat in ihrer Karriere einen besonderen Stellenwert. Sie ist, auch vom Komponisten bewundert, ebenso Salome wie Sophie, Arabella, Ariadne, Daphne, Capriccio-Gräfin. Die Aminta in der „Schweigsamen Frau“ hebt sie bei der Uraufführung in Dresden 1935 sogar aus der Taufe.

Bei den Dreharbeiten zu „Starke Herzen“ 1937 verliebt sie sich in ihren Filmpartner Gustav Diessl. Ein Jahr später heiraten sie in Berlin-Charlottenburg, der Bräutigam kommt direkt von den Aufnahmen zum Sensationsfilm „Kautschuk“.

Der gebürtige Wiener und Sohn eines Altphilologen stammt aus dem Cottage und ist befreundet mit Hans Thimig. Beide gehen in dieselbe Schule und spielen vor dem Ersten Weltkrieg Theater auf dem Dachboden der Thimig-Villa in der Gymnasiumstraße. Durch seinen Freund Georg Wilhelm Pabst kommt der gutaussehende Diessl zum Film.

In Wien gastiert die Cebotari schon ab 1936, ist bereits bei den ersten Nachkriegsfestspielen in Salzburg 1945 mit dabei und tritt in ihren letzten zwei Lebensjahren – neben anderen Konzerten und Gastspielen – als Ensemble-Mitglied der Wiener Staatsoper in 178 Vorstellungen auf.

Dann geht es bergab: Diessl erleidet mehrere Schlaganfälle. Die Folge sind Lähmungserscheinungen und Depressionen. Nur wenige Stunden nach der Österreich-Premiere seines letzten Filmes „Der Prozess“ stirbt er mit knapp 48 Jahren. Zurück bleibt Maria Cebotari mit ihren beiden kleinen Söhnen Peter und Fritz. Aber auch sie ist ernsthaft erkrankt.

Am 23. Dezember 1948 ist sie die Turandot in der Weihnachtspremiere der Staatsoper unter Karl Böhm mit Helge Rosvaenge

als Kalaf. Als Laura in Millöckers „Der Bettelstudent“ hat sie Ende März 1949 ihren letzten Auftritt im Theater an der Wien, dem Ausweichquartier der Staatsoper nach dem Krieg.

Sie singt, ohne ihre Schmerzen zu zeigen, ehe der Zusammenbruch kommt. Die Diagnose der Mediziner ist Leberkrebs im Endstadium. Am 9. Juni 1949 ist Maria Cebotari tot. Ihr gemeinsames Grab mit Gustav Diessl am Döblinger Friedhof zieren blaue und weiße Stiefmütterchen.

Die Kinder sind nach den teuren medizinischen Behandlungen und der Währungsreform mittellos. Die langjährige Kinderfrau Hedwig Cattarius vermietet kurz entschlossen die große Villenwohnung und zieht mit den Buben in ein Mansardenstübchen. Nach dem letzten Willen der Cebotari sollen die Kinder zusammenbleiben und auf keinen Fall getrennt werden. Im Fall einer Adoption soll Hedwig Cattarius als deren einzige verbliebene Bezugsperson mit übernommen werden.

Aber es kommt anders: Als die beiden Vollwaisen vom englischen Künstlerehepaar Clifford Curzon und Lucille Wallace-Curzon – ohne die langjährige Erzieherin weiter zu beschäftigen – adoptiert werden, geht die unglückliche Frau in die Donau und wird neben dem Ehepaar Cebotari-Diessl auf dem Döblinger Friedhof begraben.

Und Peter und Fritz? Der Ältere wird Arzt und geht nach Neuseeland, der Jüngere ein gefragter Fotograf in Großbritannien, der sich seit vielen Jahren für Kinderhilfsprojekte in Afrika und Asien engagiert. Vielleicht erinnern sie sich noch an glückliche Kindertage, „als sie eine großartige Dampfeisenbahn im Garten hatten“, wie ein Anrainer erzählt und gesteht: „Um die habe ich sie sehr beneidet.“

www.internationalchild.org

ERZHERZOG OTTO
DER SCHÖNE OTTO

Ein sonniger Sommertag. Spaziergang im Cottage. Unbemerkt bleibt ein Holzkobel am Straßenrand. Das Objekt unseres Interesses ist das barockisierende schmiedeeiserne Doppeltor vom Kunstschlosser Alexander Nehr in der Anton-Frank-Gasse 20, ausgezeichnet auf der Pariser Weltausstellung 1890.

Während ich die Kamera auf das Portal richte, kommt ein Mann mit Maschinenpistole auf mich zu. Was wir hier machen? Warum wir fotografieren? Ob wir uns ausweisen können?

Wir interessieren uns für die Kunst. In der 1873 nach Plänen des Architekten Carl von Borkowski erbauten Villa ist man längst auf uns aufmerksam geworden. In der Botschaft von Israel wohnt die Vorsicht. Mit Videoüberwachung und Sicherheitsdienst. Schließlich gab es hier im August 1981 einen Bombenanschlag.

Eine Adresse mit Geschichte. Hier starb am 1. November 1906 Erzherzog Otto von Habsburg-Lothringen. Pikanterweise an den Folgen der Krankheit, die Sigmund Freud diskret „spezifische Infektion" nannte: der Syphilis.

Der „schöne Otto", von seiner Familie „Bolla" genannt, ist bekannt für seinen skandalträchtigen Lebensstil. Nach dem Selbstmord Kronprinz Rudolfs 1889 steigt er zur Nummer zwei in der Thronfolge auf. Er gilt wegen der tuberkulösen Lungenerkrankung seines älteren Bruders, des später in Sarajewo ermordeten Thronfolgers Franz Ferdinand, schon fast als zukünftiger Kaiser.

Auf Druck des Kaiserhauses heiratet der Prinz 1886 in Dresden Prinzessin Maria Josepha Luise von Sachsen, die Tochter von

König Georg I. von Sachsen und Maria Anna von Portugal. Das ist dringend notwendig, um das gute Verhältnis zum sächsischen Königshaus zu erhalten. Denn sowohl Kronprinz Rudolf als auch Franz Ferdinand hatten schon Marias ältere Schwester, Prinzessin Mathilde, als Braut abgelehnt – zum Ärger der Sachsen.

Josepha und Otto. Ein ungleiches Paar. Sie: religiös bis zur Bigotterie, den Konventionen des Hofes angepasst. Er: ein Filou, ein Lebemann, der für seine Frau nichts empfindet und zahlreiche außereheliche Beziehungen pflegt.

Das Paar hat zwei Kinder: Karl Franz Joseph, später der letzte österreichische Kaiser, ehe eine ganze Dynastie für immer in der Kapuzinergruft versinkt. Und Maximilian Eugen, der zunächst eine Offizierslaufbahn in der k. u. k. Armee beginnt und nach dem Untergang der Monarchie als Jurist in der Schweiz und in Deutschland lebt.

Otto bekommt das Augartenpalais als den für einen Erzherzog sozial adäquaten Wohnsitz mit ungewöhnlich großem Hofstaat zugeteilt und hat wegen der Krankheit des Thronfolgers vermehrt Repräsentationsaufgaben zu erfüllen. Franz Ferdinand ist prompt eifersüchtig auf „Otto Augarten“ und empört, dass er selbst nur das Palais Modena, diese „Hühnersteige in der Beatrixgasse“, bewohnen darf.

Das schwarze Schaf der Habsburger zecht gern und exzessiv mit den Regimentskameraden. Eine von vielen „b'soffenen G'schichten" ist jene überlieferte Eskapade, als Otto mit seiner angeheiterten Herrenrunde nächtens ins Schlafgemach seiner Frau eindringt, den Saufkumpanen das erzherzögliche Hinterteil der aufgeschreckten schlaftrunkenen Maria Josepha präsentiert mit den Worten: „So sieht eine Nonne aus!" Die Ehe existiert zuletzt nur mehr pro forma, eine Scheidung ist aber nicht möglich.

Otto hat Narrenfreiheit und kann ein Teufel sein. Zum veritablen Skandal führt eine Anfrage im Reichsrat: Einige hohe Herren, Mitglieder des Erzhauses, und „ein junger, sehr hoher Herr" – der Name des Prinzen wird nicht explizit genannt – sollen bei einem Ausritt auf einen Leichenzug getroffen und vor lauter Übermut im Galopp über den Sarg gesprungen sein. Der sozialdemokratische Abgeordnete Engelbert Pernerstorfer, ein Jugendfreund Victor Adlers, der die Anfrage eingebracht hatte, wird wenige Tage später in seiner Wohnung brutal verprügelt.

Im „Sacher", wo man wie Schnitzlers Anatol ins *Chambre separée* geht, wo Österreichs Aristokratie Siesta hält, also in diesem Hotel Altösterreich mit dem seltsamen Flair aus Politik und Erotik, Weltgeschichte und Liebesgeschichte, Tragödie und Komödie, torkelt der Erzherzog während eines Trinkgelages nur mit seinem Säbel „bekleidet", aber sonst splitterfasernackt aus einem Separee. Im Korridor trifft er zufällig auf den britischen

Botschafter und dessen Frau. Für sie ist's „shocking", einem habsburgischen Prinzen in derart peinlicher Verfassung zu begegnen.

Auch wenn Josef Wagner, mehr als drei Jahrzehnte Kabinettkellner und Hüter der Separees im Hotel, über den Vorfall lebenslang diskret schweigt wie ein Grab: „Na na, wissen S', warum soll i denn wem weh tun?" Die Affäre wird noch am selben Tag in ganz Wien bekannt und hat ein diplomatisches Nachspiel. Wobei die einen behaupten, Otto hätte tatsächlich nur seinen Säbel umgeschnallt gehabt, während andere felsenfest davon überzeugt sind, er hätte auch den Orden vom Goldenen Vlies angelegt gehabt.

Seine Lordschaft beschwert sich, blitzt aber zunächst ab beim Außenminister und beim Polizeipräsidenten. Mitglieder der kaiserlichen Familien waren bis zum Ende der Monarchie unantastbar. Schließlich berichtet der Diplomat dem Kaiser über den Skandal – worauf Franz Joseph seinem Neffen strafweise zwei Monate Hausarrest in einem Kloster aufbrummt.

Otto, der notorische Schürzenjäger, hat zahlreiche Affären und einen Hang zu leichten Mädchen. Eine langjährige Beziehung unterhält er zu einer *fée du joli* des Hofopernballetts: Die Tänzerin Marie Schleinzer heiratet noch zu Ottos Lebzeiten den in Abbazia ordinierenden Kurarzt Dr. Julius Hortenau. Er wird später von Kaiser Franz Joseph geadelt, sodass auch die beiden unehelichen Kinder der Marie Schleinzer und des Erzherzogs Otto – Alfred Joseph und Hildegard – den Namen „von Hortenau" annehmen.

Seine letzte Geliebte ist die Wiener Operettensängerin Louise Robinson, eine Bekanntschaft aus dem Theater an der Wien. Als der Prinz um 1900 unheilbar an Syphilis erkrankt, ihm nach einigen Jahren die Nase zerfällt, sodass das zerstörte Nasenskelett mit einer Prothese aus Kautschuk ersetzt werden muss, und sich sein Kehlkopf allmählich zersetzt, verlässt sie

V. Chiavacci's

Wiener Bilder

Illustrirtes Familienblatt

Welche Schokolade wird in Österreich am meisten konsumiert?

Marschners

Reform - Schokolade

Familien-Milch-Schokolade

Nr. 45. Wien, Mittwoch, 7. November 1906. XI. Jahrgang.

Abonnements-Bedingnisse:

Redaktion und Administration: III., Linke Bahngasse 5. — Telephon Nr. 7706. — K. k. Postsparkassen-Konto Nr. 854.154.

Erzherzog Otto †.

Der Kaiser am Sterbelager seines Neffen.

Die Villa im Währinger Cottage wo Erzherzog Otto starb.

Seite 4, 5 und 6: Erzherzog Otto † 11 photographische Aufnahmen und Originalzeichnungen.

ihn nicht, sondern pflegt ihn gemeinsam mit seiner Stiefmutter Erzherzogin Maria Theresia, die ihn regelmäßig besucht, aufopfernd unter dem Pseudonym „Schwester Martha" in der Villa in der Anton-Frank-Gasse.

Der Tod kommt am Allerheiligentag. Am 1. November 1906 um sechs Uhr abends stirbt Otto, der „fescheste Erzherzog", wie man ihn in Wien einst nannte, im Alter von nur 41 Jahren in der Anton-Frank-Gasse. Am 23. Oktober hatte er sich in einem „Automobil der Wiener Freiwilligen Rettungsgesellschaft" von seinem Lieblingsschloss Schönau hierher bringen lassen, und „die Neugierigen, die sich vor der Villa angesammelt hatten, sahen, daß der Erzherzog, ohne Hilfe in Anspruch zu nehmen, das Coupé verließ und aufrecht das Haus betrat", wie das „Neuigkeits-Welt-Blatt" detailliert berichtet.

„Das Gesicht des in Automobiltracht gekleideten Erzherzogs zeigte die Spuren seines schweren Leidens – das Gesicht, das einst männlich schön gewesen war, war kaum zu erkennen … Der Erzherzog lehnte die Benützung eines bereitgehaltenen Tragsessels ab und begab sich selbst in seine im 1. Stock der Villa gelegenen Zimmer, die er als Lebender nicht mehr verlassen sollte."

Kaiser Franz Joseph kommt bereits eine Stunde nach dem Ableben seines Neffen von Schönbrunn ans Totenbett, unter anderen eilten der Thronfolger Franz Ferdinand mit der Fürstin Hohenfeld in die Villa. „Trotz des heftigen Regens strömte alsbald ein zahlreiches Publikum vor die idyllisch gelegene Villa", so das „Neuigkeits-Welt-Blatt". Und als der Kaiser als erster beim Sterbehaus vorfährt, „waren bereits beide Trottoirseiten von einem ehrfurchtsvoll grüßenden Publikum besetzt."

Und was wurde aus Ottos letzter großer Liebe? Louise Robinson erhielt vom Kaiser nach dem Tod des Erzherzogs 200.000 Goldkronen, um sich mit ihren beiden Kindern eine bürgerliche Existenz aufzubauen. Nach der Heirat mit dem polnischen Baron

Poglodowsky löste sich das Vermögen zum Teil in Spielcasinos und schließlich durch die Inflation im Nichts auf. Der Sohn wurde Elektrotechniker in Wien, die Tochter Alice Gouvernante in Wiesbaden, ehe sich beide zur Emigration nach Amerika entschlossen.

Louise Robinson taucht im April 1928 noch einmal auf: „Erzherzog Otto – die Schicksalstragödie dieses Habsburgerprinzen" erscheint als „treu der Wahrheit" nacherzählter Fortsetzungsroman unter dem Titel „Die Freundin des Erzherzogs" in der Tageszeitung „Der Tag". Einsam und verarmt stirbt sie mit nur 50 Jahren im November 1934 in einem Wiener Spital.

Ottos Witwe Maria Josepha pflegt im Ersten Weltkrieg Kriegsverwundete in ihrem Palais Augarten, in dem sie ein Lazarett eingerichtet hat. 1919 verlässt sie Österreich mit ihrem Sohn Karl und Kaiserin Zita und geht mit ihnen ins Exil. Am 28. Mai 1944 stirbt die Mutter von Kaiser Karl I. von Österreich und Großmutter von Erzherzog Otto von Habsburg mit 76 Jahren auf Schloss Wildenwart in Bayern und wird in der Wiener Kapuzinergruft beigesetzt.

War Maria Josepha auch unglücklich verheiratet, so fand sie doch einen Ausweg, ihr schweres Los leichter zu ertragen: Als hätte sie sich ein Beispiel genommen an Kaiser Franz Joseph, der an die Schauspielerin Katharina Schratt 1896 geschrieben hatte: „Ich werde mir erlauben, am 19. um acht Uhr in der Gloriettegasse zu erscheinen, mit der Hoffnung, Sie endlich wieder einmal zu Bett zu finden, was Sie mir auch halb und halb versprochen haben." So nahm auch sie sich für einsame Stunden einen gut aussehenden Schauspieler, der gerade Witwer geworden war: Otto Tressler. Aber das ist eine andere Geschichte …

COTTAGEGASSE 19 (1904–1911)
PETER-JORDAN-STRASSE 68 (1912–1932)

OTTO TRESSLER

AKTEUR VOR UND HINTER DEN KULISSEN

Eine seiner interessantesten Rollen spielte Otto Tressler nicht auf der Bühne des Burgtheaters, sondern diskret hinter den Kulissen der kaiserlichen Hofgesellschaft. Denn was dem Erzherzog Otto seine zahlreichen Geliebten waren, das war für dessen Ehefrau Maria Josepha der verwitwete Hofschauspieler.

Sie galt zwar als sehr religiös, wurde von ihrem Mann als „Nonne" verspottet und litt auch unter seinen Demütigungen, bestand aber vor Kaiser Franz Joseph darauf, dieselben Rechte wie ihr lasterhafter Mann zuerkannt zu bekommen. Der stand nach dem Tod von Kronprinz Rudolf in der Thronfolge an zweiter Stelle. Eine Scheidung war damit ausgeschlossen.

Otto Tressler ging bei Maria Josepha im Augartenpalais ein und aus und war immer wieder zu Soireen eingeladen, wenn der Habsburger wieder einmal mit seinen Zechkumpanen unterwegs war. Den „hohen und allerhöchsten Herrschaften" sollte er auch einmal Märchen vorlesen. „Als ich zur festgesetzten Zeit im Augartenpalais erschien, saßen da nicht weniger als 60 Erzherzoge und Erzherzoginnen im Alter von 3 bis 80 Jahren, allen voran die Orgelpfeifen der Erzherzoge Franz und Leopold Salvator", schrieb Tressler in seinen Erinnerungen „Vor und hinter den Kulissen".

Der Erzieher fragte in die Runde der Buben und Mädel: „Wer von den Allerhöchsten Herrschaften noch nicht am Töpferl war, soll die Hand hochhalten!" Als auch das erledigt und die Schar im Vortragssaal wieder versammelt war, konnte es endlich losgehen.

Zu Hause war Tressler – Ironie am Rande – im Währinger Cottage in der Colloredogasse, kaum 150 Meter von der Villa in der Anton-Frank-Gasse, wo der skandalumwitterte Erzherzog Otto in Wien zeitweise wohnte und schließlich zu Allerheiligen 1906 an den Folgen der Syphilis starb.

Allein im Wiener Burgtheater verkörpert Otto Tressler fast 400 Rollen. In Stuttgart 1871 geboren, beginnt er, der eigentlich Otto Mayer heißt, eine Buchhändlerlehre, fällt zuerst als Laiendarsteller und später im Hoftheater in Stuttgart als Bühnentalent auf. Ans Burgtheater geholt wird „'s Mayerle", das jetzt Tressler heißt, von Max Burckhard, 1890 bis 1898 dessen Direktor, obwohl er vor seiner Ernennung angeblich nur sieben Vorstellungen besucht hat.

Burckhard aber bringt frischen Wind ins Haus am Ring, engagiert neben Tressler auch Adele Sandrock, Friedrich Mitterwurzer, Lotte Medelsky, Hedwig Bleibtreu und Josef Kainz, und erwirbt sich mit der Öffnung des Theaters für das moderne Drama große Verdienste. Er lässt Ibsen, Hauptmann, Schnitzler und Hofmannsthal erstaufführen und macht Ludwig Anzengruber und Ferdinand Raimund am Burgtheater hoffähig. Außerdem schreibt er Beiträge für „Ver Sacrum", die berühmte Zeitschrift der Künstler der „Wiener Secession".

Otto Tressler, 1902 zum Hofschauspieler, 1913 zum Oberregisseur, 1926 zum Ehrenmitglied ernannt, ist eines der am längsten dienenden Ensemblemitglieder des Burgtheaters. Er verbringt 65 Jahre im Haus am Ring, verkörpert dort 383 Rollen und hat ein Faible für die Kaiserstadt Wien: „Das Schönste, was man haben kann, ist, einige Monate in dem herrlichen, temperamentvollen, sausenden, brausenden, zischenden, tosenden Berlin zu arbeiten und dann – nach Wien zurückzukehren."

Viele Sommer verbringt der Schauspieler am Attersee im

sogenannten „Huschelhaus“, wo der begeisterte Sportler auch seine Segeljacht „Halunke“ vor Anker liegen hat. Noch mit 90 Jahren macht er von seinem Boot einen Kopfsprung in den See. Wie erzählt wird, kommt er 1916 um 17.000 Kronen zu der Villa, weil ihn der Hof- und Gerichtsadvokat des Kaiserhauses, Otto Frischauer, dazu bewegen kann, seine Beziehung zur Erzherzogin Maria Josepha zu beenden.

Frischauer ist Herausgeber des „Neuen Wiener Tagblatts“, zu dessen Redakteuren um 1900 auch Hermann Bahr gehört. Die Satirezeitschrift „Die Fackel“ richtet die heftigsten Angriffe gegen Frischauer, ein „Genie der Aufdringlichkeit“. Und als Hugo von Hofmannsthal des Plagiats bezichtigt und von Frischauer in Schutz genommen worden war, meint Karl Kraus: „Hofmannsthal müßte sich derartige Freundschaften eigentlich verbitten.“

Tressler war überaus vielseitig als Schauspieler: Liebhaber, Komiker, Bonvivant, Komödiant … Der Thronfolger Franz Ferdinand lädt ihn eines Tages zum Frühstück ein. Der deutsche Kaiser Wilhelm II. werde auf seiner Rückreise von England und der Thronbesteigung König Georgs V. von Großbritannien erstmals nach Wien kommen. Am Dienstag, dem 20. September 1910 am Vormittag, trifft der Monarch am Bahnhof Hetzendorf ein, wird von Franz Joseph I. und den in Wien anwesenden Erzherzögen, die zur Feier des Tages preußische Uniformen tragen, empfangen. Die Gesellschaft fährt in Kutschen nach Schönbrunn, wo Wilhelm II. und sein Gefolge im Schloss einquartiert werden.

Über den letzten deutschen Kaiser hat Felix Salten geschrieben: „Die Geschichte wird ihm Eines unbedingt zugestehen, und daran werden auch die Nörgler der Nachwelt nicht zu rütteln vermögen: dass nämlich unter seiner Regierung die Schnurrbärte einen fabelhaften Aufschwung genommen haben.“

Tressler soll auf Wunsch des Kronprinzen beim Unterhaltungsprogramm einer glanzvollen Soiree im Schloss Belvedere mitwirken. Das aber bringt den Schauspieler in die Bredouille. Denn der bevorstehende Auftritt vor den kaiserlichen Hoheiten ist von einem anderen Ereignis überschattet: Just am 20. September 1910 stirbt um halb sechs Uhr Früh Josef Kainz.

„Seine Frau, die sich als gehirnloses Tier in der ganzen Zeit des schrecklichen Daniederliegens des Ärmsten erwiesen hat und nur an Flitter und kleinlichste Zanksucht auch in diesen Jammertagen dachte, war natürlich nicht am Sterbelager, sondern schlief in ihrem bequemen Gemache des Hotel Sacher", notiert Hugo Thimig erbost in seinem Tagebuch.

Die Totenmaske des Freundes und Bühnenkollegen soll Tressler abnehmen. Man mag sich fragen: Wieso fertigt ausgerechnet ein Schauspieler einen Abguss vom Antlitz des Verstorbenen an? Aber Tressler war auch Plastiker. Der Tiroler Gustav Gurschner hat ihn in seinem Wiener Atelier in der Lindengasse in die Geheimnisse der Bildhauerkunst eingeweiht.

Im Burgtheater werden gerade drei Lustspiele geprobt, als Tressler vom Sanatorium Löw mitgeteilt wird: Einige Bildhauer hätten sich angeboten, von Kainz die Totenmaske abzunehmen. Ob nicht er die Arbeit ausführen könne.

Er kann einem Erzherzog nicht einfach in letzter Minute absagen. Am selben Abend soll er doch den Gästen im Belvedere alle „Spielarten des Lachens" vorführen. Das Lachen des Hohnes, der Verlegenheit, der Angst, der Verzweiflung, das Gefälligkeitslachen, das Lachen des Gekitzelten und zum Schluss das Selbstamüsement.

Irgendwie muss der Spagat bewältigt werden. Also eilt Tressler nach der Probe ins Atelier, rafft die notwendigen Utensilien zusammen und fährt ins Sanatorium Löw. Im Sterbezimmer liegt die Leiche bereit. Ein junger Mann entfernt mit Seife, Rasierpinsel und Messer Schnurrbart und Stoppeln im Gesicht. Tressler fängt an, das blasse Gesicht des Toten einzuölen und auf das Haar und die Augenbrauen ganz dünne Fischhäutchen zu legen, damit die Haare später beim Herunternehmen der Maske nicht im Gips hängen bleiben.

Es ist eine Premiere für Tressler: Er kennt sich aus mit den technischen Details, aber eine Totenmaske hat er noch nie abgenommen. Der Anwurf ist vollendet. Von Zeit zu Zeit betastet er den immer wärmer und härter werdenden Gips. Der kritische Moment rückt heran. „Ich langte zögernd nach der inzwischen steinhart gewordenen Gipsform und versuchte, das Gesicht des Toten aus seinem anschmiegsamen Gefängnis zu befreien."

Aber es rührt sich nichts. Er rüttelt, zieht, drückt. Vergeblich. Angstschweiß tritt ihm auf die Stirn. „Endlich wühlte ich meine Linke in die Haare des Toten, fasste mit der Rechten die Form und zog und riss mit aller Kraft, bis sich die Form vom Gesicht löste", berichtet Tressler. „Ein letzter Ruck und – entsetzt stand mein Herz still: Die Leiche hatte durch das Entweichen der angestauten Luft einen deutlichen Seufzer von sich gegeben."

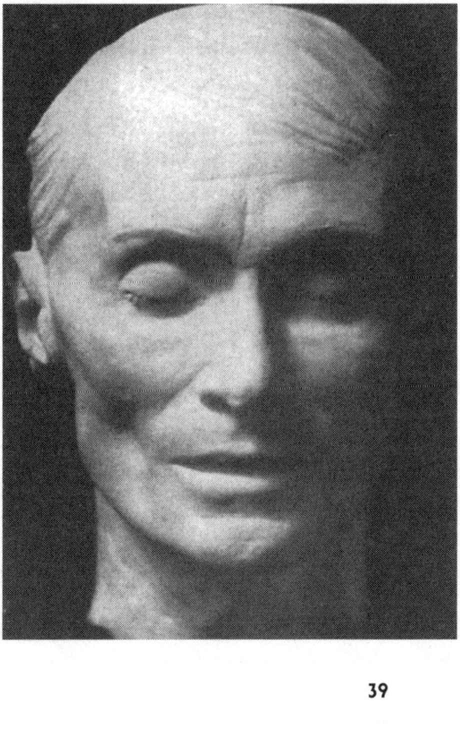

Der tote Josef Kainz liegt jetzt mit offenem Mund da. Die Kinnlade, vorsichtig nach oben geschoben, klappt immer wieder hinunter. In seiner Not greift Tressler nach einem Handtuch und bindet den Unterkiefer hinauf. „Aber mit den Lippen war eine Veränderung vor sich gegangen, denn die Mundwinkel zogen nun auf einmal nach unten. Und ich musste mit meinen Fingern jenes friedliche Lächeln modellieren, das Josef Kainz dann im Sarg beibehielt."

Schnell, schnell, die Gipsform in den Arbeitskittel gewickelt. Dann rasch, rasch nach Hause, hinein in den Frack, denn nun heißt es bald: lachen, lachen, lachen! Tressler absolviert sein Heiterkeitsprogramm wie in Trance. Seine Majestät, der deutsche Kaiser, quittiert jede Pointe mit einem Lächeln.

Während man in Deutschland über ihn witzelt. „Kennen Sie den Unterschied zwischen Gott und dem Kaiser? Der liebe Gott weiß alles. Der Kaiser weiß alles besser."

Der Abend im Wiener Belvedere ist gerettet. Und Tressler acht Tage später wieder bei Franz Ferdinand zum Frühstück. Der sagt: „Der deutsche Kaiser war von dem Festabend, dem Programm und von Ihnen selbst so begeistert, dass ich Ihnen zum Dank eine kleine Freude machen möchte. Sagen Sie mir einen Wunsch!" Tressler überlegt eine Weile und sagt dann: „Kaiserliche Hoheit, ich wünsche mir den Abschuss eines Hirschen in der Lobau."

Die Lobau war ein Lieblingsjagdrevier von Erzherzog Franz Ferdinand, des wohl schießwütigsten aller Habsburger, der bei adeligen Jagdgesellschaften insgesamt rund 275.000 Tiere zur Strecke gebracht haben soll. Das Begehr des Bürgerlichen lässt ihn allerdings erbleichen und schnell das Thema wechseln. Die Atmosphäre ist plötzlich kühl, Tressler war offenbar in ein Fettnäpfchen getreten. Als sich der Thronfolger verabschiedet hatte, sagt sein Haushofmeister Karl Freiherr von Rumerskirch bestürzt: „Um Gottes Willen, Herr Tressler, was haben Sie da gemacht? Hätten Sie den Leopoldsorden mit Brillanten verlangt, in einer halben Stunde hätten Sie ihn gehabt. Aber einen Hirsch? Sind Sie denn wahnsinnig geworden?"

Ein paar Tage später erhält Tressler als Geschenk eine Brillantnadel mit den Initialen „FF" für Franz Ferdinand. Den ersehnten Hirsch zum Abschuss bekommt er nicht. Und eingeladen wird er auch nie wieder. Er war in Ungnade gefallen.

Mitten im Ersten Weltkrieg, die Verhältnisse sind bereits sehr elend, hält Tressler eines Tages um Mitternacht auf dem Ring nach einem Fiaker Ausschau: „Die Straßen der Stadt waren damals schon um neun Uhr abends wie ausgestorben und keine Elektrische verkehrte mehr. Die Theater fingen um sechs Uhr abends an, es war eine trübe Zeit, trüb wie das Wetter jener Nacht."

Der Schauspieler wohnt bereits in Döbling in der Peter-Jordan-Straße. Und der 40er-Wagen, den er zur Heimkehr braucht, hatte den Betrieb längst eingestellt. So steht er zu später Stunde im Regen und schaut sich nach einer Fahrgelegenheit um: „Endlich kam ein armseliger, einsamer Einspänner dahergerollt." Aber dem Kutscher ist die Zieladresse zu entlegen. „Da kniete ich mich – wie ein richtiger erster Liebhaber – trotz des Regens auf die Straße und bat den Kutscher mit theatralisch erhobenen Händen, mich doch heimzubringen. Das rührte den Mann mit dem goldenen Wienerherz und er brachte mich heim." Am Ziel angekommen sagt er auf einmal: „Ich muss mich jetzt revanchieren", kniet nun seinerseits vor Tressler nieder und nimmt so den Kutscherlohn in Empfang. Tressler: „So etwas, glaube ich, gibt's nur im schönen Wien."

Der 14. Oktober 1955 ist ein großer Tag: Wiedereröffnung des Burgtheaters. 14 Tage vor der Staatsoper. Nach dem Brand und der Zerstörung am Ende des Zweiten Weltkriegs hatte es genau zehn Jahre, sechs Monate und zwei Tage gedauert, bis der 16 Tonnen schwere eiserne Vorhang sich zum ersten Mal wieder hob. Insgesamt hatten, wie der „Neue Kurier" berichtete, 25 Architekten und Künstler und 1.200 Arbeiter am Wiederaufbau der berühmtesten deutschsprachigen Bühne mitgewirkt.

Das kulturelle Wien war, so der „Bild-Telegraf", bei den Eröffnungsfeierlichkeiten auf die hinteren Reihen und die Galerien „verbannt" worden, um für National-, Bundes-, Hof- und sonstige Räte Platz zu schaffen. „Verkehrte Welt: Was Rang hatte, saß im Parkett, was Namen hatte, musste mit dem Rang vorliebnehmen."

Die Doyenne der Burg, Hedwig Bleibtreu, wird als ältestes und prominentestes Mitglied am Arm von Direktor Adolf Rott und Albin Skoda ins Theater geleitet. Neben der Bleibtreu nimmt Hofrat Otto Tressler als der älteste Burgschauspieler an der feierlichen Eröffnung teil. Er sieht in einem persönlichen Rückblick auf die Veränderungen zurück, die die Welt in den fast 60 Jahren seit seinem ersten Engagement genommen hat: „Mein erstes Auftreten als Sittig in ‚Bürgerlich und romantisch' kam, ich gefiel und blieb bis zum heutigen Tage an meinem so sehr geliebten Burgtheater. Es ging auf und ab, nicht nur in meinem künstlerischen Dasein, ich erlebte den Glanz und den Untergang der Monarchie, die großzügige Übernahme des ‚Hof'-Theaters durch die neue Regierung, ich musste so manchen lieben, geschätzten Kollegen zu seiner letzten Ruhestätte begleiten, ich erlebte 23 Direktoren, spielte fast alle Rollenfächer, feierte diverse Jubiläen und, wenn Gott will, nächstes Jahr, das meiner 60-jährigen Zugehörigkeit zum Burgtheater. So vieles hat sich gewandelt, aber meine Liebe zu diesem Hause ist stark und groß wie eh."

Georg, der Sohn von Otto Tressler und dessen zweiter Frau Eleonore Keil von Bündten, 1917 in Wien geboren, hat in den Nachkriegsjahrzehnten das Profil des österreichischen und des deutschsprachigen Films wesentlich mitgeprägt. Er hatte „irgendwann von der Wiener Behäbigkeit die Nase voll", ging nach München und Berlin und galt schließlich als der „deutsche Elia Kazan": Er brachte als Regisseur vor seinem Disney-Intermezzo mit dem Beethoven-Melodram „The Magnificent Rebel" („Schicksalssymphonie") und TV-Filmen mit den neorealistischen Horst-Buchholz-Dramen „Die Halbstarken", „Endstation Liebe" und der B. Traven-Adaption „Das Totenschiff" in den 50er-Jahren den Staub der Landstraße ins sterile Kino der Wirtschaftswunder-Ära.

JOSEF KAINZ
EIN POPSTAR DES THEATERS

Ein gefeierter Schauspieler war gestorben. Bei seiner Beerdigung, wie es oft so passiert, fehlte der Regisseur, der für den präzisen Ablauf gesorgt hätte. So lief alles ein bisschen chaotisch ab – in der Kirche, beim Trauerzug, vor dem offenen Grab, als es zu regnen begann und sich nach dem letzten Adieu alles wieder auflöste. Abends fragten die Kollegen einen Schauspieler, wie es denn gewesen sei. Und der antwortete: „Tiefste Provinz! Durch dieses Begräbnis hat er sich sehr geschadet."

Der Kritiker Hans Weigel hat diesen schönen Schauspielerwitz gern erzählt. Aber Spaß beiseite. Theatergötter leben lang. Und ewig, wenn sie Josef Kainz heißen. In Wien flicht sogar die Nachwelt dem Mimen Kränze. Auch wenn heute niemand mehr persönliche Erinnerungen an die Großen von einst hat. Auch wenn die meisten Zeitgenossen vom bereits 1910 verstorbenen Sprachzauberer genau nichts mehr kennen. Josef Kainz ist Mythos.

Körperlich schmächtig und klein, fast knabenhaft, muss seine Bühnenwirkung doch ungeheuer groß gewesen sein. Sein Name steht für ein Theater der brillanten Schauspielkunst und tönt weit über seine Zeit hinaus. Er ist ein Jahrhundertstar, verehrt wie Sarah Bernhardt oder Eleonora Duse, und kreiert in einer Zeit, da man große Theatralik und erstarrte Pathetik als Kunst ausgab, einen neuen Schauspielstil.

Begeistert zeigt sich die zeitgenössische Kritik von Kainz' ausgefeilter, von großer Vitalität und Ausdruckskraft gekennzeichneter Sprechtechnik und seiner melodiösen Stimme: „Kainz sprach Blitze", beschrieb Herbert Ihering das „elementare Wunder der Sprache" des Schauspielers.

Die magische Wirkung lässt sich heute mehr erahnen als wirklich hören auf den raren phonografischen Aufnahmen vom Mai 1902. Kainz als Hamlet, der intellektuelle Zweifler, der trotz seiner Ungeduld nicht zur Tat schreiten kann, klingt dabei wie aus der Dampfradiozeit. „Gestern Vormittag musste ich anderthalb Stunden in das Grammophon sprechen", schreibt Kainz an einen Freund. „Es war eine Anstrengung, so groß wie eine Matinee abhalten. Todmüde kam ich nach Hause."

„Jedes Mal habe ich nach der Vorstellung im Burgtheater den weiten Weg nach Döbling zu Fuß gehen müssen, es war einfach unmöglich, in der Straßenbahn zu sitzen, so aufgeregt hat einen der Mann", sagt Hedwig Bleibtreu über den Schauspielerkollegen und strahlendsten Stern im Haus an der Wiener Ringstraße.

Als begabter Jungschauspieler gibt er Privatvorstellungen vor Ludwig II. in München, folgt dem Bayernkönig halb geschmeichelt, halb belustigt in dessen theaterselige Scheinwelt. Der Monarch überhäuft ihn mit Geschenken, schreibt ihm schwärmerische Briefe, lädt ihn auf Schloss Linderhof ein, bietet ihm das Du-Wort an und lässt sich von Kainz auf eine Reise begleiten.

1881 in der Schweiz: Der „Märchenkönig" verlangt auf den Spuren von Schillers „Wilhelm Tell" gewaltige Soloauftritte. An vermeintlichen Originalschauplätzen soll Kainz, in glühender Hitze ebenso wie bei Mondschein, allein für Ludwig endlos Texte deklamieren.

Der 23-Jährige erträgt die Launen des extravaganten Königs bald nicht mehr, die seltsame Freundschaft geht prompt in die Brüche. Kainz verlässt München und geht nach Berlin: „Seitdem habe ich vom König nichts mehr gehört. Mir scheint, er geruhte, mich in Ungnade fallen zu lassen. Weh hat mir bis jetzt dieser Fall nicht getan. Ich spiele mehr als je schöne Rollen und schlafe des Nachts ganz gut, wie früher."

Nach dem melodramatischen Intermezzo mit der königlichen Majestät steht der nervöse Schnellsprecher in Berlin in 98 verschiedenen Rollen mehr als 2.000 Mal auf der Bühne, ehe mit seinem Engagement am Wiener Hofburgtheater Ende 1899 für ihn ein Lebenstraum in Erfüllung geht. Es wird ihm der Titel eines „kaiserlich und königlichen Hofschauspielers" verliehen und schon im zweiten Jahr sein ursprünglich zweijähriger Vertrag auf zwölf Jahre verlängert.

Vom Brahmsplatz 8 auf der Wieden zieht Kainz 1903 ins Döblinger Cottage in die Nähe seiner Schauspielerkollegen Hugo Thimig und Ernst Hartmann. Arthur Schnitzler wird zum engen Freund. Die Thimigs besucht er in der Gymnasiumstraße. Ferdinand Schmutzer will ihn in der Sternwartestraße porträtieren: Es kommt zu mehreren Sitzungen. Der Kupferstecher und Maler fertigt als Studien und Vorlagen für seine Druckgrafiken von Kainz in der Rolle des Hamlet auch Fotos an, die dann in Vergessenheit geraten und erst 100 Jahre später öffentlich werden.

Lannerstraße 24. Eine Villa wie ein Schloss. Sie gibt dem Sohn eines kleinen Eisenbahnbeamten eine großbürgerliche Kulisse. Die Inneneinrichtung schwelgt im Eklektizismus und Historismus der Gründerzeit. Das Speisezimmer ist im Stil der Renaissance eingerichtet, das Arbeitszimmer im Stil Louis' XIV. zieren Perserteppiche und Marmorskulpturen.

Wer es zu Wohlstand und auch sonst zu etwas gebracht hat, dekoriert sein „schöner Wohnen" zu der Zeit mit der Üppigkeit des Historismus, wie ihn Hans Makart für Wien prägte, orientiert sich geschmacklich am Nachahmen früherer Epochen und lebt in exzessiv überladenen Räumen.

Und was tun Künstler, wenn sie beruflich gerade nichts tun? Leo Slezak schreibt Bücher, Arthur Schnitzler spielt Klavier, Albert Bassermann Cello, die Schauspielerin Gertrud Eysoldt Schach und die Kabarettistin und Chansonnière Rosa Valetti Saxofon.

Josef Kainz übersetzt zum Vergnügen Molière, Beaumarchais und Byron, aquarelliert und beginnt sich schon um 1890 für Fotografie zu interessieren. Mit Kamera und Stativ fährt er nach Italien und auf den Semmering – und lichtet sich gern selbst zu

Hause in der Lannerstraße ab, wo er sich in der Mansarde ein Foto-Atelier einrichtet.

„Nichts entspannte ihn mehr als sich mit aller Konzentration dem Entwickeln oder Vergrößern seiner Aufnahmen zu widmen oder schöne Kohldrucke herzustellen", erinnerte sich die Wiener Malerin Marie Mautner-Kalbeck, die Kainz im scharlachroten Mephisto-Kostüm porträtierte. „Er besaß feinnervige, geschickte Hände, richtige Bastlerhände – und verlor nie die Geduld. Über einen neuen Dunkelkammerschrank konnte er sich wie ein Kind freuen."

Auf seinen fotografischen Selbstporträts stilisiert er sich zum Ästheten mit Talent zur narzisstischen Selbstbeobachtung und ausgeprägtem Sinn fürs Etepetete. Kainz wirkt wie einem Klassiker von Richard von Schaukal entsprungen: „Leben und Meinungen des Herrn Andreas Balthesser, eines Dandy und Dilettanten", 1907 erstmals erschienen.

Seinen aufwendigen Lebensstil mit feudalem Wohnsitz und Personal, Reisen in den Süden und anderen Extravaganzen kann sich Kainz mit den Gagen des Burgtheaters allein bald nicht mehr finanzieren. Zusätzliche Einnahmen bringen Tourneen. 1907 fordert Kainz an der Burg eine höhere Gage und längere Urlaube. Man gewährt ihm zunächst einen dreimonatigen Sonderurlaub für die folgende Spielzeit, für 1909 bis 1911 sogar acht Monate Urlaub. Und das jährlich.

Josef Kainz, im Spannungsfeld zwischen Tradition und Moderne, prägt das Haus am Ring, das erst zehn Jahre zuvor eröffnet worden ist, durch seinen neuen Schauspielstil. Er steht auf dem Höhepunkt seiner Karriere. Seine grazile Spielweise gilt als typisch für den Jugendstil, er spielt als einer der ersten den differenzierten Typ des sensiblen modernen Helden.

Wenn er aber keine Lust hat, dann hat er keine Lust. Und ist an manchen Tagen matt bis grottenschlecht. Dafür an anderen genial. Dann schafft er es, die Emotionen zum Schwingen zu bringen, alle, die möglich sind zwischen Liebe und Hass, Euphorie und Verzweiflung, Lebenslust und Gewissheit des Todes.

„Das ist wohl mit der größte Genuß, den ich je im Theater hatte", so Max Reinhardt über Josef Kainz. „Abgesehen von Auffassung, seinem nicht auffallenden, aber ungemein bestechenden Exterieur, von den verschiedenen geistvollen Betonungen, seinem starken Temperament, ist es das Timbre seiner Stimme, bald sinnlich, bald kühn, trotzig, jugendlich kraftvoll, das einen unendlichen Reiz an sich hat. Vor allem aber ist das Tempo und die Deutlichkeit und Reinheit seiner Rede Wollust dem Ohre ... Dabei sprüht sein dunkles Auge und vibriert jeder Nerv und jeder Ton. Die kleinste Stimmungsnuance kommt mit Meisterschaft zur Geltung."

Der dänische Schriftsteller Herman Bang schreibt über die Modernität von Josef Kainz ein ganzes Buch: „Die Ungeduld lebt in uns und um uns. Sie steigt Tag für Tag durch die sozialen Gegensätze, die wir sehen, ohne sie versöhnen zu können. In der Kunst treffen wir die Ungeduldigen überall, und auf der Bühne heißt diese Ungeduld: Josef Kainz. Er ist ihr Abbild. Seine Nerven zittern davon. Seine Worte haben daher ihre Hast. Daher die Blitze des Blicks, das Sichballen der Hände. Daher der ungleiche Flug seiner Rede. Die Ungeduld ist die Seele seiner Rollen."

Das Wiener Theaterpublikum vergöttert ihn, verklärt ihn schließlich zur Kitschfigur mit heißem Herzen. Es bejubelt seinen Mephisto, seinen Tasso, seinen Tartuffe und vor allem seinen Hamlet, der bei ihm kein Melancholiker und kein Wahnsinniger ist, sondern ein Mann, der über einen klaren, wachen Verstand verfügt und sein Vorgehen sorgfältig überdenkt, bevor er handelt. Aber auch in modernen Stücken, als Oswald in Ibsens „Gespenster" etwa oder als Cyrano de Bergerac, begeistert er die Menschen.

Karl Kraus, für den das Burgtheater „das friedlichste Heiligtum gemütvoller Darstellung" ist, steht der Volksschauspieler Alexander

Girardi näher als Kainz. Ihn nennt er eine „neurasthenische Puppe". Über ihn schreibt er in der „Fackel" 1908: „Ich habe nie verhehlt, daß ich den Mann, dessen Atemtechnik ich ehrlich anstaune wie nur die Spezialität eines Dresseurs, Jongleurs oder Equilibristen, und dessen Fähigkeit mir nach dem Varieté zu schreien scheint, für einen der unglücklichsten Schauspieler halte."

Die Grenzen der eigenen Kunst steckt der Charakterdarsteller als Paradoxon klar ab: „Den Faust kann nur ein bedeutender Mensch spielen – und ein bedeutender Mensch wird nicht Schauspieler."

Kritiker monieren, das Spiel von Kainz sei zu intellektuell und seelenlos. Schon 1901 äußert Felix Salten in einer Kritik zu Shakespeares „König Heinrich IV.", Kainz sei ein alter und emotionsloser Schauspieler, der zwar mittels virtuos gehandhabter Technik fähig sei, Gefühle durch Gestik, Mimik und Stimme herzustellen, doch sei sein Herz stets unberührt.

Er, der von seinen Anhängern umjubelt wird wie heute nur Popstars oder Hollywood-Schauspieler, inszeniert sich selbst. Auf der Bühne und privat. Die Droge Aufmerksamkeit ist ihm ebenso wenig fremd wie die brennendste Frage des Bühnengroßschauspieler: „Wie war ich?"

Die Anerkennung, die ihm die Presse verweigert, gibt ihm das Publikum, sie schmeichelt der Eitelkeit und führt zur Tagebucheintragung: „Vorstellung. Total ausverkauft. 67mal gerufen. Z. Schluss allein 29mal. Kränze, Blumen. Ständchen des Chores zum Schluss. Damen küssen die Hand. Großer gewaltiger größenwahnerzeugender Abschied."

Allzu stürmischen Verehrern hält er die Warnung entgegen: „Lassen Sie mich nur ja nicht hochleben, sonst kommen Sie ins Irrenhaus." Das Publikum schwärmt, Wien liegt ihm zu Füßen. „Ich glaube, wenn ich auftreten und die Zunge herausstrecken würde, möchte mir das Publikum auch applaudieren", sagt Josef Kainz.

Ihn plagen schon längere Zeit Schmerzen. Der ohnehin schlanke Künstler ist stark abgemagert und schreibt: „Ich bin beinahe nicht mehr dreidimensional." Im Mai 1910 wird er von Julius Schnitzler operiert. Die Diagnose: Darmkrebs.

Als er das Sanatorium verlässt, freut er sich darüber, „wieder einmal menschlich angezogen zu sein, einen Hut auf dem Kopf und Schuhe an den Füßen zu haben". Im Juni fährt er ein letztes Mal auf den Semmering, um sich im Kurhaus zu erholen, wo schon Arthur Schnitzler die Entwürfe zur „Liebelei" geschrieben hat.

Als seine Abreise am 30. Juni bekannt wird, macht ihm Wien einen großen Bahnhof. Die Südbahn hat eigens einen Salonwagen zur Verfügung gestellt für den Bühnenstar, seine Freunde und Begleiter. Der Bahnsteig ist überfüllt. Kainz verabschiedet sich von seinen Verehrern und Bewunderern und steht, wie eine Majestät grüßend, am offenen Fenster des ausfahrenden Zuges.

In den letzten unbeschwerten Wochen seines Lebens unternimmt Kainz am Semmering kleine Spaziergänge, liegt im Freien und genießt die Abendgespräche mit Freunden. Er hat viele Pläne für die Zukunft. Mit Arthur Schnitzler geht er die Aufführung von „Das weite Land" bis ins kleinste Detail durch, will er doch die Rolle des Hofreiters spielen. Mit Heinrich Glücksmann bespricht er die Herausgabe einer „Dramaturgischen Bibliothek", die ein ideales Nachschlagewerk und Hilfsmittel für Regisseure werden soll. Er entwirft Modellzeichnungen für praktische Bibliothek-Koffer, in denen sich auch sein Malzeug unterbringen lässt. Vor allem aber träumt er von einem „Festspielhaus am Semmering".

Die Hoffnung auf Genesung erfüllt sich nicht. Auf die Erholung am Semmering folgt der Rückfall mit Radiumtherapie. Kainz wird sein wahrer Gesundheitszustand von den Ärzten und Freunden bis zum Ende verschwiegen.

„Merkwürdig, wie er gar nicht den Tod zu fürchten scheint

aber jeden Schmerz. Mit Vorliebe schildert er die Wirkungen des Morphiums, das ihn übrigens keineswegs einschläfert, sondern, im Gegenteil, angenehm erregt. Zuerst komme stets ein sehr böser Moment, er fühlt dann gleichsam einen Feind hinter sich stehen, der ihn am Hals packen will, um ihn zu überwältigen, und da hilft nichts als nachzugeben und ohne jeden Widerstand den Kopf sinken und alles mit sich machen zu lassen, bis der Feind gleichsam ganz in ihn eingezogen ist", notiert Hermann Bahr im Tagebuch am 21. Juli 1910.

In den Morgenstunden des 20. September 1910 stirbt Josef Kainz mit 52 Jahren im Sanatorium Löw. Am Nachmittag nimmt Otto Tressler die Totenmaske ab. Hugo Thimig schließt seine Trauerrede am 22. September mit: „Lieber Pepi, wir haben Dich sehr lieb gehabt!" Seine Beisetzung in einem Ehrengrab auf dem Döblinger Friedhof hat fast den Charakter eines Staatsbegräbnisses.

In der Erinnerung lebt er weiter. Um es mit Greta Garbo zu sagen: „Ein Star ist nur jemand, der nicht alt wird und nicht stirbt."

DIE FAMILIE THIMIG
EINE SCHAUSPIELERDYNASTIE

Die kleine Leni, ein scheues und patschertes Wienerkind, will nichts mehr als Schauspielerin werden. Ein Mädchentraum, getragen von einem festen Willen. Daheim dreht sich ohnedies alles ums Theater, das Burgtheater ist der Himmel, und Josef Kainz besucht die Eltern gelegentlich im Haus in der Gymnasiumstraße.

Mit zwölf Jahren tritt sie zum ersten Mal in einer kleinen Rolle in einer Aufführung von Johann Nestroys „Lumpazivagabundus" auf, veranstaltet von Kindern von Burgtheatermitgliedern auf einer Währinger Volksbühne. Das sensible Mädchen erleidet alle Folterqualen des Lampenfiebers. Bei anderer Gelegenheit hört sie später nachts durch die angelehnte Tür ihres Zimmers ihren Papa zur Mama sagen: „Gott sei Dank! Talent hat die Leni nicht."

Mit 17 Jahren wird sie einer Freundin des Hauses vorgestellt, der großen Hedwig Bleibtreu, wo mit Hut und Handschuhen, Handkuss und Knicks die Aufwartung zu machen ist: Sie möge sich doch bitteschön das Mädchen ansehen. Nach einigen Stunden der Talentprobe erklärt die Bleibtreu, seit 1906 Mitglied des Burgtheaters auf Lebenszeit: „Liebe Lene, ich glaube, bis Brünn wird es reichen."

Ein kolossaler Irrtum. Denn Helene Thimig wird zu einem der hellsten Sterne an den deutschsprachigen Theatern. Ein Zauberwesen, das einer berühmten Theaterdynastie entstammt, deren

Hauptquartier fast ein Jahrhundert lang das efeuumrankte Haus in der Gymnasiumstraße 47 ist, vor dem im Frühjahr ein Magnolienbaum blüht.

„Ich habe heute ein Haus gekauft. Es ist ein solides, einfaches und angenehmes Haus", schreibt der aus Dresden stammende Hugo Thimig am 12. Jänner 1890 ins Tagebuch – und wird hier 54 Jahre lang leben. „Es entspricht ganz meinen Wünschen … hat einen schönen und nicht zu großen und nicht zu kleinen Garten … Natürlich im Währinger Cottage … Im Mai wird das Haus leer, im Juni hoffe ich, es beziehen zu können."

Auf zwei Stockwerken richtet der Sammler von Theatralia sein Archiv und seine Bibliothek ein. Bereits 1913 zählt er zu seinem kostbaren Besitz 18.000 Bücher, Flugschriften, Manuskripte und Theaterzettel sowie 10.000 Porträts. Die Sammlung zur Geschichte des deutschen Theaters und seiner Literatur wird 1922 an die Nationalbibliothek verkauft und bildet den Grundstock des Wiener Theatermuseums.

In der Mansarde wohnen die beiden älteren Kinder Helene und Hermann. Im ersten Stock neben der Mutter die „Kleinen" Fritz und Hans. Hier wachsen die Thimig-Kinder auf, laut Helene „in einer schönen, behaglichen Umgebung, in einer lieben fröhlichen Familie". Hier legen sie alle, außer Fritz, mit den

„Cottage-Bodenkammerspielen“ den Grundstein für ihre Schauspielerkarrieren.

„Wenn man vor der Linie draußen aus dem Gerassel der Wagen und der Bahnen in die Feldgasse biegt, da versinkt die Stadt und wird mit Winkeln und Hütten und Zäunen plötzlich Provinz: spielende Kinder, Burschen vor den Schänken, schwatzhafte Mägde, behagliches Gaffen an jedem Fenster und überall der zufriedene Schritt von guten Menschen, die nicht nervös sind. Hier, mitten im Cottage, wo Währing und Döbling sich streifen, wohnt Hugo Thimig. Ein schlankes, munteres Häuschen“, schreibt der Kritiker und Schriftsteller Hermann Bahr.

„Das Zimmer, geräumig, weit und ernst, in stillen und nachdenklichen Farben, wartet gelassen, bis man von selber seine ruhigen Reize sucht. Es drängt nichts prahlerisch auf. Das Theatralische der Wohnungen nach der Mode, wo sich Alles ungeduldig gleich mit schriller Stimme meldet, fehlt ihm. Man fühlt es als Rahmen, der Stimmungen fassen, nicht geben soll.“

Hermann Bahr wandert „sehr vergnügt“ vom Währinger Cottage heim: „Ich rechne: Einen famosen Kaffee, zwei suggestive Cigarren und ein kleines Compendium der Schauspielkunst – man kann seinen Nachmittag nicht profitabler verwenden.“

Jeder kann Geschichte machen, aber nur wenige können sie schreiben, wusste Oscar Wilde. Der eine belegt sie bloß, andere prägen sie groß mit ihrem Namen. In dieser Familie, die längst verklärte Wiener Theatergeschichte schrieb, ist das Komödiantische Tradition. Dabei stammte Hugo Thimig aus Dresden und hatte einen sächsischen Akzent, der immer wieder für Kritik sorgte. Thimigs Mutter empörte sich: „Ich weeß nich, was die Leite von dir wollen – du bis doch der eenzche, der richtch schpricht!“

Hugo Thimig ist der Narr in „Was ihr wollt“, Dorfrichter Adam in „Der zerbrochene Krug“, Schmock in „Journalisten“, Truffaldino in „Der Diener zweier Herren“. Der gefeierte Shakespeare-, Raimund- und Nestroy-Darsteller zählt im Charakterfach und in zahlreichen komischen Rollen zur Edelgarde des Burgtheaters, ist als „Charlie Chaplin der Bühne" für Jahrzehnte ein Freudenbringer und Sorgenlöser. Außerdem ab 1912 der letzte k. u. k. Hofburgtheaterdirektor.

Das grundlegende Dilemma in dieser Zeit beschreibt schon sein Vorgänger Alfred Freiherr von Berger pointiert: „Das Burgtheater ist ein unlösbares Problem. Weil es ein Kunstinstitut ist, muss es im Zeichen der Freiheit stehen, weil es ein Hofinstitut ist, ist es gebunden. Die Quadratur des Zirkels, das perpetuum mobile und ein idealer Burgtheaterdirektor, das sind drei unlösbare Probleme."

Tochter Helene, die Erstgeborene, vor allem in Berlin die Darstellerin der herben Frauengestalten in den klassischen und modernen Dramen, heiratet Max Reinhardt, den bedeutendsten Regisseur seiner Zeit, und emigriert mit ihm 1937 nach Hollywood. Der beiden Gemeinsamkeit war durch nichts Kleinliches anfechtbar. Einmal wird sie gefragt, vermutlich in der geheimen Lust, ihr etwas „beizubringen": „Was würden Sie tun, würden Sie erfahren, dass Reinhardt Sie betrügt?" – Ihre Antwort: „Ich würde tot umfallen."

Nach ihrer Rückkehr 1946 spielt und führt sie Regie bei „Jedermann"-Aufführungen in Salzburg, übernimmt die Rolle des „Glaubens" in Hofmannsthals Klassiker, brilliert in Charakterrollen und in späteren Jahren auch im komischen Fach am Burgtheater und am Theater in der Josefstadt. Und macht sich einen Satz der Eleonora Duse zu ihrem eigenen: „Schauspieler sind Namen in Wasser geschrieben."

Ihr älterer Bruder Hermann – verheiratet mit Vilma Degischer, der langjährigen Grande Dame des Theaters in der Josefstadt –, ist ein Erbe des humoristischen Talents seines Vaters und hat die in diesem Metier seltene sympathische Eigenschaft einer hart am Existenzminimum liegenden Eitelkeit. Er entwickelt in jungen

Jahren clownesk-komödiantische Fähigkeiten und erreicht neben seiner fulminanten Karriere als Charakterdarsteller unter Reinhardt sowohl in Berlin als auch, ab 1924, in Wien an der „Josefstadt“ auch Starruhm beim Film. Und die Tochter von Hermann und Vilma, Johanna, setzt die Schauspielertradition fort.

Wo alle das Theater liebten, konnte es auch Hans Thimig, der jüngste Sohn, nicht hassen. Er baut sich ein kleines Theaterchen auf dem Dachboden der elterlichen Villa, spielt ab und zu in einem Haus in der Lannerstraße mit Gleichaltrigen wie Oskar Karlweis und Paul Hansen. Er geht ins Schottengymnasium und wird 1918 noch vor der Maturaprüfung an die Burg verpflichtet.

Eine Sternstunde bescherte dem Josefstädter Theater den Beinamen „Thimig-Theater“, als Max Reinhardt ein paar Jahre später in Nestroys „Alles oder nichts“ alle vier – Hugo Thimig mit seinen drei Kindern – zu einem komödiantischen Gipfeltreffen zusammenbrachte.

Da hatte Hans, der Spätgeborene, bereits seine Spezialfarbe im Familienspektrum gefunden: das Leichtfüßige, das hintersinnig Skurrile, zu dem später heitere Weisheit kam. Er wurde nach dem Zweiten Weltkrieg durch das Radio das populärste der drei „Thimig-Kinder“.

Alle bis auf einen hatten sich dem Theater verschrieben. Nur Fritz wurde Landwirt, obwohl seine Eltern manchmal behauptet haben, dass er der theaterbegabteste von allen gewesen sei.

Am Ende war Hugo Thimig 7.631 Mal auf der Bühne gestanden. Am 23. September 1933 tritt er zum allerletzten Mal auf. Hat als letztes Wort in seiner Rolle zu sagen: „O, ich dummes Luder!“ Und fühlt sich erinnert an das letzte Wort seines großen Vorgängers Nestroy, der mit einem „Alles umsonst“ seine Bühnenkarriere beendet hatte.

Hugo Thimig hat seine Memoiren geschrieben, die sicher so waren, wie Erinnerungen sein sollen und selten sind: faktenreich, die Hintergründe beleuchtend, mitunter kritisch angriffig. Aber als der Text fertig war, beschloss er, ihn wieder zu vernichten. Um seinen Kindern die Reaktion jener zu ersparen, die er durch allzu offene Kritik beleidigt haben könnte. Was für eine noble Geste und welcher Verlust. Geblieben sind immerhin seine Tagebuchnotizen voller beeindruckender Sentenzen.

Sein Ende 1944 ist tragisch: Zwei Tage nach dem Tod seiner geliebten Frau Fanny durch einen Schlaganfall begeht er Selbstmord mit Veronal. Das Grab der Thimigs befindet sich auf dem Sieveringer Friedhof.

ALEXANDER GIRARDI
AUF DER FLUCHT IM ROSENKRIEG

Der Inhalt eines guten Dramas muss sich in einem Satz zusammenfassen lassen, wusste Alexandre Dumas. Ähnlich könnte man sagen: Das grundlegende Wesen eines Menschen lässt sich am besten mit Anekdoten aus seinem Leben charakterisieren.

Einen talentlosen alten Schauspielerkollegen nannte Alexander Girardi konsequent: „Meister." Der fragt ihn schließlich genervt: „Warum sagst du eigentlich immer Meister zu mir?" Worauf ihn Girardi beschwichtigt: „Schau, Direktor bist nicht. Regisseur bist auch nicht. Ein Trottel bist – also sag ich Meister."

Girardi ist ein umjubelter Komödiant und Charakterdarsteller, aber auch ein hervorragender Lieder- und Coupletsänger. Den rasenden Applaus nach der zehnten Wiederholung seines Couplets „Bei Tag, da bin ich hektisch, bei Nacht bin ich elektrisch" kommentiert er mit den Worten: „Kinder, das hat eingeschlagen" und kreiert damit ein neues Wort, den Schlager. Und bei seinem Auftritt auf dem Praterfest im Jahr 1885 singt er der Fürstin Metternich zum allerersten Mal das „Fiakerlied" von Gustav Pick vor, das durch ihn zum Klassiker wird.

Therese Loewe ist anfangs als Soubrette, später als komische Alte ein ebenso geschätztes wie beliebtes Mitglied des Carltheaters in der Leopoldstadt. Noch als engagementlose Provinzschauspielerin wird sie eines Tages ins Theater an der Wien gerufen, um für eine erkrankte Kollegin einzuspringen. Da „übersiedelt" sie gerade von der Soubrette zur „Alten". Also tra-

gisch-komisch. Sie bekommt bald eine Kleinstrolle, zu der sich großes Lampenfieber gesellt. Erstens: Girardi. Zweitens: keine Probe. Und drittens: alt.

Am Programm steht die Operette „Bruder Straubinger“ von Edmund Eysler. Girardi liegt auf einer Bank und schläft – erwacht, und sieht plötzlich ein ihm ganz unbekanntes Persönchen vor sich stehen. Sofort raunt er ihr zu: „Ah, eine neue dramatische Wanzen!“

Sie muss lachen, weil Girardi gerade solche Aperçus mit unvergleichlicher Miene sagen konnte. Sie ist gerettet, die Angst verflogen. Und Girardi sagt nachher der Direktion: „Dö b'halt mer.“ Sie wird engagiert und Girardis liebste Bühnenpartnerin.

Als Helene Odilon – um 1900 der Star der Wiener Bühnen – auf der Volkstheater-Redoute stark dekolletiert erscheint, sah sie Girardi an und sagt: „Helene, geh' z' Haus', zieh' dich an und leg' dich ins Bett.“

Keine der vielen Affären des kapriziösen Bühnenstars wirbelt so viel Staub auf wie die Affäre Girardi. Aufgrund ihrer zahlreichen Liebschaften ist sie zu dieser Zeit schon eine Skandalfigur der Stadt. Jeder hält sie für eine Wienerin und schließlich sie sich auch selbst, obwohl sie ursprünglich aus Dresden und nach den üblichen Lehr- und Wanderjahren durch die Provinz nach Berlin kam.

Dort verdankt sie ihr Engagement einer während der Vorstellung des Lustspiels „Größenwahn" zum Gaudium aller geplatzten Hose. Sogar Kaiser Wilhelm ist da und amüsiert sich köstlich. Aber da sie nach dem ersten Schock ihre Rolle eines heiteren jungen Burschen zu Ende spielt und ihre Blöße mit Charme überspielt, hat sie fünf Tage nach dem Zwischenfall auf ausdrücklichen Befehl des Kaisers den Vertrag mit dem Königlichen Hoftheater zu Berlin in der Hand.

„Für eine Schauspielerin ist die Liebe eine unumgängliche Notwendigkeit, ein treibendes Element, kurz ein Requisit", schreibt die Odilon später in ihren Lebenserinnerungen. Und beklagt sich darüber, dass das dumme Herz ihr immer wieder böse Streiche gespielt habe. Nach einer Herzensaffäre verlässt sie auch Berlin, geht nach Wien ans Deutsche Volkstheater und schwärmt: „Die schöne Stadt, die lieben Menschen, die feschen Fiaker, die ganze Wiener Gemütlichkeit! Wien übte einen so großen Reiz auf mich aus, dass es so ein Stückel von meiner Heimatstadt wurde."

In Wien hat sie den Ruf einer hervorragenden deutschen Schauspielerin und einer raffinierten, die Männer entzückenden schelmischen Frau, die auf Konventionen pfeift, die ohne Wenn und Aber ihren Vergnügungen nachgeht – nur so sprühend von feinen weiblichen Listen. Auch die Skandalhistörchen, die man sich von ihr erzählt, erhalten in Wien bald neue Nahrung. Die Liebe ist ihr auch hier ein „Requisit". Ein unentbehrliches.

Hermann Bahr schreibt der einst schönsten Frau des Wiener Theaters die Rolle der Lona Ladinser im Schauspiel „Der Star" auf den Leib. Sie ist mit dem Sex-Appeal der Jahrhundertwende die berühmteste Salondame: also dieser Typus einer üppigen, schönen, in voller Blüte stehenden Frauenerscheinung, die elegant zu schreiten, verführerisch zu lächeln, geläufig plätschernd zu plaudern versteht, und die in unnachahmlicher Grazie den Arm eines Kavaliers nimmt. Dass dazu noch verhaltene Leidenschaft und ein Schuss Intrigantentums kommt, versteht sich von selbst.

Plötzlich erhält die Odilon an jedem Abend nach der Vorstellung Blumen. „Von einem Bewunderer." Als bereits in einer Zeitung gerätselt wird, wer der anonyme Spender sein könnte, gibt der sich mit dem nächsten Strauß zu erkennen: „Von dem glühenden Bewunderer Girardi." Er hatte sie in der „Haubenlerche" gesehen.

Der populärste und beliebteste Schauspieler Wiens möchte sie „furchtbar gern" kennenlernen. Sie ist distanziert. Ihr „Urteil über ihn", so wie sie ihn sieht, „das glattrasierte Gesicht mit den großen, dunkeln Jagdhundaugen, das unschöne aber charakteristische Kinn", sei „für ihn kein günstiges".

Trotzdem: Sie geht nach der Vorstellung zum „Leidinger" in der Kärntner Straße 61, wo auch Arthur Schnitzler aus und ein geht, und trifft beim Beefsteakessen zum ersten Mal den Liebling von Wien. „An dem Abend machte ich kehrt, und ich begann, eine von Vielen zu sein, die Girardi gern hatte."

Im Sommer geht's nach Bad Ischl. Man streitet und versöhnt sich wieder. Man streitet erneut, und Baron Springer „verdient sich im Schweiße seines Angesichtes" eine Ehrenmedaille „für Versöhnung unter eigener Lebensgefahr", erzählt die Odilon.

Das Paar könnte ungleicher nicht sein. Sie: von blühender Schönheit, temperamentvoll, nein: kapriziös bis zum Exzess. Er: müde und abgearbeitet, halb tot nach 20 Jahren Bühnenarbeit. Sie: heiter, mondän, verführerisch. Er: hypochondrisch, misstrauisch und eifersüchtig.

Die gefeierte „Madame Sans-Gêne“ des Volkstheaters und der gefeierte Operettenkomiker und Volksschauspieler heiraten trotzdem im Mai 1893. Da wird aus der Komödie allmählich eine Tragödie mit grauenhaften Strindberg-Szenen. Schon wenige Monate nach der Hochzeit macht sie sich im „Fremdenblatt“ über ihn lustig. Sie will nach Paris. Er partout nicht. Zu Beginn der Sommerferien gibt er nach. Man fährt nach Paris … und schon am nächsten Tag wieder nach Wien zurück. „Was soll denn i in einer Stadt tun, wo i kan Menschen versteh’ und mi a kaner versteht“, sagt Girardi.

Im Sommer 1895 wieder Bad Ischl. Girardi will Radfahren lernen. Man kommt mit Odilons Mutter, zwei Bicycles und zwei Hunden in der Villa an. Beim Heimkommen von einer Radeltour teilt das Dienstmädchen mit, Erzherzog Otto sei da gewesen. Hoheit wird vom schlichten „Komödianten und Bürgersmann“ zu einem einfachen Nachtmahl gebeten und bleibt in der Villa bis ein Uhr früh.

Wobei Girardi die Gesellschaft in Ischl zuletzt gar nicht mehr gefällt. „Was das für Leut’ san!“, ruft er kopfschüttelnd. „Zehne wohnen in an Kabinett und zwa gehen in aner Hosen spazieren.“ Den täglichen Bicycle-Touren schließt sich mitunter auch Baron Albert Rothschild an, der 1910 mit einem geschätzten Vermögen von einer Milliarde Kronen als der reichste Europäer gilt. Bei einem Besuch des Finanz-Genies in Mariazell „verbringen wir eine halbe Stunde damit“, so lästert Girardi, „uns gegenseitig mit schönen Redensarten anzustrudeln“.

Sie eilt von Bühnenerfolg zu Bühnenerfolg und gibt ihre Liebschaften nicht auf. Er ist eifersüchtig, depressiv und leidet unter der Flaute im Operettengenre mit schlechten Texten und wenig origineller Musik. Obwohl ein Kritiker schreibt: „Man ging nicht mehr ins Theater, um ein neues Stück kennenzulernen, sondern um Girardi in einer neuen Rolle zu sehen!“

Jede Kleinigkeit provoziert cholerische Ausbrüche und macht

ihn immer wieder heiser. Deshalb lässt er seinen Kehlkopf mit einer täglichen Kokainlösung behandeln. Als ihm sein Hausarzt die Therapie nach einiger Zeit verweigert, besorgt sich Girardi Kokainlösungen und pinselt sich den Rachen selbst ein.

Szenen einer Ehe im gemeinsamen Heim in der Nibelungengasse 11: heftige Auftritte, bei denen sich unbeugsam zwei harte Charaktere und überschäumende Temperamente gegenüberstehen. Sie nennt ihren Mann einen „größenwahnsinnigen Komödianten". Er sie „eine mannstolle Bestie".

Schließlich kommt es zum Eklat, der für Wochen die Zeitungen beschäftigt. Die Odilon ist – genervt von der Eifersucht ihres Mannes – mittlerweile ins Hotel Sacher übersiedelt und will ihren Ehemann ins Irrenhaus einweisen und für verrückt erklären lassen. Zur Seite steht ihr dabei Professor Julius Wagner-Jauregg, mit dem sie befreundet ist.

Der renommierte Psychiater stellt ein Attest für einen Antrag bei der Polizeidirektion auf Girardis Einweisung in die private Nervenheilanstalt des Dr. Wilhelm Svetlin in der Leonhardgasse 3–5 in Wien Landstraße aus, ohne den Patienten selbst auch nur gesehen und untersucht zu haben. Als das bekannt wird, ist der Skandal perfekt. Und Girardi reimt: „Bist amal drin – beim Svetlin – dann bist hin."

Der Schauspieler wird gewarnt und flieht zur Hofschauspielerin Katharina Schratt in die Gloriettegasse nach Hietzing. Mit ihr verbindet ihn eine langjährige Freundschaft. Bei ihr kann er sicher sein, dass sie ihren ganzen Einfluss geltend machen wird, um ihn vor dem Schicksal der Internierung in eine Heilanstalt zu bewahren.

„Ich bin ja nicht krank, ich kränke mich nur", sagt Girardi und versteckt sich vorübergehend in der Villa des Hofschauspielers Max Devrient. Während die Morgenblätter die sensationelle Nachricht bringen: „Alexander Girardi – vermißt!"

Seine vorübergehende Fluchtadresse im Rosenkrieg ist die Hasenauerstraße 37: „Klein, aber mein Babettenheim" ließ die aus Hannover stammende Burgschauspielerin Babette Devrient-Reinhold als Inschrift über dem Erker mit Spitzbogenfenstern und Butzenscheiben anbringen. Max Devrient, ebenfalls unter anderem als Mephisto, Wallenstein und Caesar an der Burg, hatte das Backsteingebäude vom Stadtbaumeister, Architekten und Schüler Friedrich Schmidts, Leopold Roth, errichten lassen.

FRÄULEIN BABETTE REINHOLD
als „Donna Diana"

Girardi verlässt sein Versteck bald wieder und stellt sich freiwillig einer ärztlichen Kommission zur Untersuchung seines Gesundheitszustands. Sie besteht aus gerichtlichen Psychiatern und Polizeiärzten und bescheinigt am 10. Dezember 1895: Girardi ist ganz und gar normal.

Irgendeiner der Irrenärzte muss sich da wohl geirrt haben. Girardi findet rasch seinen alten Humor wieder und sagt zu den Ärzten: „Meine Herren, den Zellenwagen hätten Sie mir damals schicken sollen, als ich geheiratet habe. Aber jetzt, nach mehrjähriger Ehe, ist es zu spät, jetzt bin ich nicht mehr narrisch …"

Der Fall Girardi veranlasst Kaiser Franz Joseph, für einschneidende Änderungen der Vorschriften über das Irrenwesen einzutreten. Das Parlament beschließt ein Gesetz zum „Schutz von Privatpersonen gegen gewaltsame Irrenhausinternierung seitens ihrer Verwandten". Der Monarch lädt Girardi in die Hofburg ein und ist enttäuscht, weil der Komiker bei der Privataudienz so gar nicht lustig ist. Schließlich fragt er: „Warum sind S' denn so ernst, Girardi?" Und der Schauspieler antwortet: „Jausnen Sie einmal mit einem Kaiser, Majestät!"

Die Wiener Presse hat ihre Sensation. Die Odilon wird nach dem „mißglückten Internierungsversuch" mit Drohbriefen überschüttet und in Wien geächtet. Die Ehe wird am 16. Jänner 1896 geschieden. Girardi ist geheilt von Künstlerehen und heiratet 1898 Baronesse Leonie von Latinovicz, eine ungarische Adelige und Ziehtochter des Klavierfabrikanten Ludwig Bösendorfer. Als sie bald darauf einen Sohn – Anton Maria – bekommen, berichten die Wiener Zeitungen fälschlicherweise, Girardi sei Vater von Zwillingen geworden. Worauf der entgegnet: „Von Theaternachrichten ist immer nur die Hälfte wahr."

Ihren unbequemen Mann war die Odilon also los. Ihr „Gewesener" wohnte in der Nibelungengasse, ihr „Zukünftiger", wie es Albert Rothschild werden wollte, im Palais in der Heugasse 24–26. Den Silvesterabend verbringt sie mit Hermann Bahr und anderen Freunden. „Prosit Neujahr!", rufen die Gäste.

Sie aber denkt ans letzte Jahr. Als sie heimlich unter einem Vorwand ins gerade erst in der Prinz Eugen-Straße nach Plänen der Architekten Ferdinand Fellner und Hermann Helmer errichtete Palais Rothschild kam. Wo „ein süßer Eau de Lupinduft das Zimmer durchströmte", wo sie „ganz berauscht war", und wo es schließlich geschah. Aber bald ist „die große Liebe in Fransen". Sonnenfinsternis.

„Ich war frei. Nicht mehr das Spielzeug der alten Rechenmaschine. Ich konnte wieder tun und lassen, was ich wollte." Auf der Bühne feiert sie wieder Triumphe, lebt zwischen 1899 und 1905 in der Neustiftgasse 11.

Gastspiele führen sie nach Berlin, 1899 steht sie in London auf der Bühne, 1901 und 1902 in Amerika. Von dort bringt sie „Madame Dubarry", eine Komödie des amerikanischen Autors David Belasco über die Mätresse des französischen Königs Ludwig XV. mit. Sie übersetzt das Stück, zahlt die Theaterausstattung aus eigener Tasche und spielt die Hauptrolle.

Die Ironie sei das falsche Gebiss alternder Humoristen, heißt es. Aber was ist dann die Ironie des Schicksals? Die unglückliche Ehe des Traumpaars ist schon lange zu Ende. Das Unglück aber bleibt Helene Odilon treu. Ihr zweiter Mann, der fast mittellose ungarische Gutsbesitzer Franz von Rakovsky, stirbt tatsächlich in geistiger Umnachtung. Und sie selbst gerät erneut in die Mühlen der Justiz, der Psychiatrie und der Wiener Presse.

Ende November 1903, wenige Monate nach ihrem Triumph als „Madame Dubarry", bricht sie kurz vor einer Vorstellung in Innsbruck zusammen. Nach einem Schlaganfall und rechtsseitiger Lähmung mit nur 39 Jahren muss sie als Schauspielerin pausieren. Zunächst wochenlang, dann monatelang. Bis klar ist: Sie wird nie mehr auf die Bühne zurückkehren.

Es folgt ein grausamer Abstieg. Ihr Leben gleicht fortan einem tragischen Film. Die große Salondame des Wiener Theaters wird nun selbst für „schwachsinnig" erklärt und unter Kuratel gestellt. Es folgen Depressionen. Die einst erfolgreiche, umjubelte Schauspielerin fällt tief. Zu den körperlichen und seelischen Gebrechen kommen weitere Schicksalsschläge. Die Verwandtschaft entzieht ihr das beträchtliche Vermögen, um sie, wie es heißt, vor ihrer unkontrollierten Verschwendungssucht zu schützen.

Ein Vormund wird bestellt. Mithilfe berühmter Anwälte kämpft sie 1906 vor Gericht gegen ihre Entmündigung. Die Prozesse ziehen sich bis 1910 hin. Karl Kraus prangert am tragischen Fall Odilon wortgewaltig die Machenschaften der Justiz, der Medizin und vor allem der Presse an. Sie alle, so schreibt er am 23. Jänner 1907 in der „Fackel", haben dazu beigetragen, zuerst die „Fabel von dem berauschenden Vollweib der Bühne und des Lebens" in die Welt zu setzen, um ihren „Fall" dann nach Strich und Faden auszubeuten.

Ende März 1909: Immer noch nicht entschieden ist der Konflikt um die Vormundschaft der Schauspielerin. Immer noch kämpft sie um ihr Recht. Und noch einmal sucht sie in diesen Tagen die Öffentlichkeit, um im Kampf mit der Justiz ihre Zurechnungsfähigkeit zu beweisen. Als Beweisstück, dass sie nicht verrückt ist, legt sie ihre Autobiografie mit dem sarkastischen Titel „Das Buch einer Schwachsinnigen" vor.

Das Manuskript hat sie – wegen ihrer Lähmung – mit der linken Hand verfasst. „Ich habe", so schreibt sie, „dieses Buch nicht zum Vergnügen geschrieben, ich will nicht meinen Namen berühmt sehen, ich will auch nicht bloß ein Geschäft machen. Nein, ich will nur beweisen, dass ich nicht der Trottel bin, als welchen man mich hinstellt. Um dies zu zeigen, war ich gezwungen, vor der ganzen Welt mich zu entkleiden, um so der Öffentlichkeit Gelegenheit zu geben, aufgrund der nackten Wahrheit urteilen zu können."

Die Resonanz der Presse auf das Buch ist groß, die Ablehnung des Feuilletons einhellig. Es erscheint ein Verriss nach dem anderen. Man wirft der Autorin billigen Klatsch aus Garderobe und Schlafzimmer vor. Wochenlang ist das Enthüllungsbuch der Helene Odilon Stadtgespräch. Die Presse zitiert genüsslich aus dem kolportierten Skandalleben der Protagonistin. Sie lässt noch einmal die Haupt- und Nebenfiguren aus dem Liebes- und Sexualleben der Anklägerin Revue passieren: Kein pikantes Detail wird im Zuge dieser Schlüssellochberichterstattung ausgelassen.

Einige Monate noch hält die mediale Erregung an. Dann wird es allmählich still um die Odilon. Sie hat den Kampf gegen die Justiz verloren. Und auch die Presse lässt sie nun fallen. Kaum ist der Nachschub an Sensationen versiegt, erlahmt das Interesse der Zeitungen an ihrem Fall.

Um 1910 verlieren sich die Spuren von Helene Odilon in der Öffentlichkeit. In den Zeitungen taucht die Schauspielerin nun kaum mehr auf. 1914 wird ein Teil ihres Mobiliars im Dorotheum versteigert. Während des Krieges sucht sie Zuflucht in einem Armenasyl in Salzburg. 1916 erblindet sie. Nach dem Krieg, so heißt es, zieht sie verarmt in Wien von Hotel zu Hotel, um Ansichtskarten mit ihrem Bild aus besseren Zeiten zu verkaufen.

Anfang 1928 wird in Baden bei Wien ein neues Altersheim mit dem Namen „Sorgenfrei" eröffnet: Dort verbringt sie die letzten Jahre bis zu ihrem Tod am 9. Februar 1939. „Sonderbar", wundert sich ein später Besucher, „wenn man diese Dame mit dem hübschen, frischen Gesicht, den kurzgeschnittenen weißen Haaren ansieht, die nun mit einem Male wieder schick und modern wirkt, trotz allem, so weiß man, dass es nur ein Wunder auf Erden gibt: Vitalität, Lebenskraft."

Alexander Girardi, der „wahrscheinlich größte Volksschauspieler der Theatergeschichte", so Ernst Haeusserman, wird spät – 1918 – auch am Burgtheater engagiert. Aber dort sind ihm bis zu seinem Tod nur zwei Rollen – der Fortunatus Wurzel in Raimunds „Der Bauer als Millionär" und der alte Weyring, Vater der Christine, in der „Liebelei" – und dreizehn Auftritte vergönnt. Das Publikum ist von Girardi so begeistert, dass es seiner Kutsche die Pferde ausspannt und sie heimzieht.

Er stirbt noch im selben Jahr. Er hatte sich in seinem letzten Willen das gewisse gemütliche und schmalzige wienerische Leichenbegängnis des Lieblings ausdrücklich verbeten: keine Kränze, keine Reden, keine Vereinspräsidenten, Gschaftelhuber und sonstigen Ball-Arrangeure mit Trauerflor. Der silberweiße Sarg steht in der protestantischen Kirche. Und plötzlich wird auf der Orgel ganz langsam und leise eine wohlbekannte Melodie gespielt: das Hobellied. Noch einmal erklingt die unerbittliche Schlussstrophe wie ein Hauch aus der Raimundzeit, deren letztes Echo Girardi war.

***

Girardis Fluchtadresse, das „Babettenheim", Baujahr 1898, in der Hasenauerstraße 37, wechselt nach dem Tod der Schauspielerin Babette Devrient-Reinhold 1940 mehrmals den Besitzer. Und verfällt, steht sieben Jahre leer, ehe die heutigen Bewohner das Haus 1980 liebevoll sanieren. Das Interieur entspricht mit der Holzvertäfelung heute noch weitgehend dem Originalkonzept. Das Haus ist im Besitz von Johann P. Fritz.

„Am Anfang war es entsetzlich", erinnert sich der ehemalige Geschäftsführer der Tageszeitung „Die Presse" und Direktor des Internationalen Presseinstituts. „Alles war verwahrlost und der Garten verwildert. Aber wir haben uns in dieses verwunschene Märchenschloss im Dornröschenschlaf verliebt."

Nicht auf den ersten Blick. „Undenkbar", sagt seine Frau Brigitte zunächst angesichts des maroden Zustands der fast abbruchreifen Immobile und fährt wieder „arbeiten nach Italien". Sie ist zu der Zeit Sendeleiterin von „Radio Adria", dem ersten österreichischen Privatsender im Ausland.

Aber manchmal findet das Undenkbare doch einen Weg in die Wirklichkeit. „Mir erschien das Haus wie ein Traum aus Italien", sagt Fritz. Schritt für Schritt wird saniert, restauriert und mit fast ausgestorbener Handwerkskunst das historische Fensterglas erhalten. Aus purer Liebe zur Patina.

Die Glücksgefühle an der frischen Luft kamen später. Und die Erkenntnis: Jeder Garten ist eine unendliche Geschichte. Und das Gute ist: Er wird nie fertig. Willst du einen Tag glücklich sein, so betrinke dich mit Wein, sagt eine alte Weisheit. Willst du ein Jahr glücklich sein, so baue dir ein Haus. Willst du aber ein Leben lang glücklich sein, so gestalte deinen Garten.

Der Anfang war grausam. In der ersten Phase der Zivilisierung der Grünoase, als noch rohe Kräfte walteten und Männer zum Umgraben, Ausgraben von Wurzeln und Heckenstutzen anrückten, hing der Hausfrieden schief. Fritz: „Alles hat furchtbar ausgesehen, und meine Frau hat außer den Bäumen jede Pflanze ausreißen und die Wiese beseitigen lassen."

Eine harte Bewährungsprobe. „Es war eine der kritischsten Situationen in unserer gesamten Ehe. Mein Mann war tagelang beleidigt und hat kein Wort mit mir gesprochen", erinnert sich Brigitte Fritz. „Es gab nur noch die nackte Erde. Und ich habe auf einen Zettel geschrieben: Wenn ich groß bin, werde ich ein schöner englischer Garten."

Rosarote Schneerosen, Schneeglöckerl … Alles kam wieder. Der Duft der Blumen, ein blühender Fliederzweig, das Farbenspiel der Jahreszeiten vor der Haustür. Und die Erfahrung: Gärten machen Menschen glücklicher. Sie sind eine Art Missing Link zwischen Natur und Zivilisation. „Eine Kunstnatur", wie Robert Musil bemerkte. Jeder Garten ist besser als kein Garten. Das war auch der ursprüngliche Cottage-Gedanke schlechthin: Hinter den Häusern an den Straßen eine große Grünfläche, ohne Zäune und Mauern dazwischen.

Im Haus der Familie Fritz hängen Zeitungsmemorabilien von anno dazumal an der Wand, außerdem Porträt-Kopien der ehemaligen Besitzer aus dem Burgtheater und alte Fotografien, die an die Affäre Girardi-Odilon erinnern.

Früher gab es legendäre Feste mit bis zu 300 Besuchern, darunter Minister, Manager und Medienleute am Nachmittag. Und am Abend sind 100 bis 120 sitzengeblieben. Zum Adventsingen. Milan Dubrović, von 1953 bis 1961 Chefredakteur der „Presse" und langjähriger Doyen des österreichischen Journalismus, Autor von „Veruntreute Geschichte. Die Wiener Salons und Literatencafés" und schon in den 1920er-Jahren Gast bei Berta Zuckerkandl, bei der die künstlerische und wissenschaftliche Elite des Landes verkehrte, kam gelegentlich vorbei und sagte zu den Gastgebern: „Dieser Advent bei euch ist für mich der letzte Salon."

JOHANNES HEESTERS
DER JAHRHUNDERTCHARMEUR

„Eines Tages kam Papa nach der Vorstellung nach Hause und sagte: Heute habe ich ein Haus gekauft in Döbling. Und meine Mutter fing an zu weinen, weil sie so gern in der Stadt wohnte. Die wollte da nicht raus." Nicole Heesters erinnert sich. Die neue Adresse damals: Cottagegasse 72. Mehr als 60 Jahre später ist sie, um in Thomas Bernhards „Vor dem Ruhestand" im Theater in der Josefstadt auf der Bühne zu stehen, wieder in der Stadt ihrer Jugend, wo sie mit 16 Jahren in dem Paula-Wessely-Film „Ich und meine Frau" erstmals vor der Kamera stand. Wo sie ein Jahr später am Volkstheater in der Titelrolle von „Gigi" debütierte. Und wo sie zwischen 1954 und 1965 immer wieder im Theater in der Josefstadt aufgetreten war.

„Gibt es den Tennisplatz vis-à-vis in der Cottagegasse noch, wo mein Vater und ich Tennis spielten?", fragt Nicole Heesters. In Wien hat sie ihren berühmten Vater Johannes „Jopie" Heesters nach dem Krieg auch zum ersten Mal auf der Bühne erlebt – in John Van Drutens Komödie „Das Lied der Taube".

Hier erklärte er seiner Tochter, die ihre Schauspielausbildung am Max-Reinhardt-Seminar absolvierte: „Ich bin mit meinem Namen vielleicht dein Sprungbrett, aber springen musst du selbst."

Beim Springen half ihr die große Helene Thimig: „Eine wunderbare und sehr strenge Lehrerin. Ich hatte Angst vor ihr. Sie war eine Grande Dame mit einem sehr genauen Blick, vor allem

eine sehr kluge und kultivierte Frau. Und es ist schön, wenn man so jemanden als Lehrer hat. Kultur kann man auch durch Abschauen lernen."

Im Theater in der Josefstadt hatte Nicole Heesters in den 50er-Jahren ihren ersten Auftritt in Dodie Smiths Familienkomödie „Der erste Frühlingstag". „Mit Helmuth Lohner, Peter Weck und der ganzen Josefstädter Garde – Wilma Degischer, Erik Frey und Erni Mangold. Die gab's damals schon. Ich war ja noch ein Kind."

Und der Papa ein Star, ein „Homme à Femmes", ein Mann mit allen Champagnern gewaschen. Zu seiner Parade- und Lebensrolle wurde Graf Danilo, der vergnügungslustige Diplomat aus Franz Lehárs „Die lustige Witwe", den er 1938 am Münchner Gärtnerplatz zum ersten Mal spielte. Mit Zylinder, Seidenschal und mit dem Lied „Heut geh' ich zu Maxim". Bei rund 1.600 Vorstellungen hat Heesters den Danilo im Lauf seines Lebens dargestellt. Und auch abseits der Bühne prägte der gut aussehende, ehrgeizige Tenor sein Image als stilvoller Gentleman.

Bereits 1934 hatte er entschieden, Holland zu verlassen und nach Wien, in die Stadt der Operette, und von hier aus nach Berlin zu gehen, wo aus Johan Heesters Johannes „Jopie" Heesters wurde. Der Spitzname blieb ihm.

Nach dem Vorsingen in Wien – er entschied sich für das Wolgalied aus der Lehár-Operette, „Der Zarewitsch" – wurde er für die Saison 1934/35 an der Volksoper engagiert und als Millöckers „Bettelstudent" innerhalb kürzester Zeit zum Publikumsliebling. „Da muss ein Holländer kommen, um den Wienern zu zeigen, was Operette ist", schrieb die Kritik über sein Volksoperndebüt. Da hatte er die rauen Kehllaute der niederländischen Sprache bereits abgelegt, die „wir nur reden, wenn wir eine Fischgräte verschluckt haben", wie Alfred Kerr einmal sagte.

Wien war das Sprungbrett nach Berlin, wo sein Image als ewiger Bonvivant und galanter Salonheld den letzten Schliff bekam. Der charmante Herr im Frack mit den perfekten Umgangsformen, der stets fröhlich und gut gelaunt wirkte und schöne Frauen mit romantischen Melodien verzauberte, war als singender Schauspieler die Idealbesetzung des deutschen Musikfilms mit Partnerinnen wie Marika Rökk und Martha Eggerth.

Der schauspielernde „Gastarbeiter" und Lausbubentenor war ein Ass in seinem Fach, der leichtlebigen Film- und Operettenwelt. Im Dritten Reich war er ein Elite-Soldat an der Unterhaltungsfront, wenn er bei den Wunschkonzerten zur Unterhaltung der Wehrmacht auftrat, und später in seinen Memoiren gestand: „Unsere Arbeit war wohl die verlogenste, die es in jener Zeit gab. Wir spielten eine heile Welt in Frack und Abendkleid."

Im Jahr 1936 entdeckte die deutsche Film-Firma Ufa den Holländer. Er drehte einen Kassenschlager nach dem anderen, vor allem Operetten- und Revue-Filme wie „Der Bettelstudent", „Hallo Janine!" oder „Die Fledermaus". Keine Propaganda, wie ihm die Alliierten nach dem Krieg bescheinigten, nur Unterhaltung, die vom Krieg ablenken sollte. Adolf Hitler mochte den Schauspieler; Propaganda- und Filmminister Josef Goebbels setzte ihn auf eine Liste unverzichtbarer Künstler.

Unterhaltungsfilme wie „Karneval der Liebe", federleichte Revuen, und viele Schallplatten brachten Glanz in eine Epoche der Abgründe. Einmal sollte Heesters als Danilo dem Irrsinn dieses Regimes sehr nahekommen. „Hitler kam immer wieder ins Theater, um mich als Danilo zu sehen, insgesamt sieben Mal. Ich dachte mir noch: Hat denn der Mann nichts Besseres zu tun?"

Heesters war einer der Lieblingsschauspieler Adolf Hitlers, der sagte: „‚Die lustige Witwe' ist meine Lieblingsoperette, und Sie sind für mich der beste Danilo, den ich kenne." Eines Abends wurde dem Sänger und Schauspieler die ganze Lächerlichkeit des „Führers" klar, als dessen Haushälterin, Frau Winter, zu ihm sagte: „Herr Heesters, ich hab wieder was mitgemacht mit dem Chef. Nach der letzten Vorstellung mit Ihnen hat er sich zu Hause noch vor den Spiegel gestellt, setzte den Zylinder auf, legte einen Schal um und fragte mich: ‚Na, Frau Winter, was sagen Sie? Bin ich vielleicht kein Danilo?'"

Heesters war irritiert: „Mein Gott, dachte ich, wenn Hitler zur Operette gegangen wäre – nicht auszudenken." In Wien erzählte man sich die Anekdote, für die Rosa Albach-Retty in ihren Erinnerungen Hubert Marischka, den früheren Direktor des Theaters an der Wien, als Quelle angegeben hat: Hitler habe sich tatsächlich einmal als Operettentenor an der Wienzeile beworben und zur Probe ganz passabel „Da geh' ich zu Maxim" vorgesungen, sei jedoch nicht engagiert worden, weil er keinen Frack besessen habe.

Die Starmania um Heesters beschrieb Marika Rökk: „Nie habe ich erlebt, dass ein Mann ähnlich von Frauen vergöttert, ja verfolgt worden wäre. Sie lauerten ihm auf, setzten sich in Szene und machten ihm Anträge. Viele seiner Abenteuer wurden bekannt. Die von ihm Beglückten sorgten selbst für die Verbreitung dieser triumphalen Siegesmeldung. Einmal fiel eine aus dem Kleiderschrank seiner Garderobe, als er sich umzog. Und dabei ist Jopie doch so schreckhaft."

Andererseits hatte Heesters, der Verführer, die Fantasiefigur der Klatschpresse, schon 1930 seinen Lebensmenschen gefunden, der natürlich vom Theater kam: „Um nicht länger Gefahr zu laufen, Fehler zu machen, beging ich den einzigen Fehler, den ich nie bereut habe: Ich habe geheiratet. Bei einem Gastspiel in Belgien lernte ich sie kennen, eine junge, hübsche Sängerin, die mein Herz sofort gewann. Wiesje Ghijs aus Belgien und Johannes Heesters aus den Niederlanden wurden Partner auf der Bühne und im Leben." Das Paar blieb bis zu Wiesjes Tod im Jahr 1985 zusammen.

In der Endphase des Zweiten Weltkrieges nahm Reichspropagandaminister Joseph Goebbels Heesters auf die sogenannte Gottbegnadeten-Liste – mit den für die Nationalsozialisten wichtigsten Künstlern. Aber noch bevor das „Tausendjährige Reich" nach nur zwölf Jahren in Schutt und Asche versunken war, zog der charismatische Star der populären Unterhaltung mit seiner Frau und seinen beiden Töchtern ins oberösterreichische Salzkammergut in die „Villa Blau" in Grundlsee bei Bad Aussee.

„Wir gingen dort in die Dorfschule", erinnert sich Nicole Heesters. Und „Jopie" mutierte kurzfristig vom Entertainer zum Bauern, half beim Mähen und bei der Hausarbeit. Ende März 1945 fuhr er von Grundlsee ins nahe Bad Ischl, um Franz Lehár zu besuchen. Bereits im Spätsommer 1946 stand er wieder auf einer Wiener Bühne.

Zwei Jahre später bezog die Familie eine Wohnung in der zwischen dem Rathaus und dem Parlament gelegenen Reichsratsstraße. Schon ein Jahr später übersiedelte sie in eine geräumigere Wohnung in der Naglergasse 2 mit Ausblick auf den Graben, in der später der Wiener Bürgermeister Helmut Zilk leben wird.

Wien wurde für die Familie Heesters schnell zu einer neuen Heimat. 1955 steht erneut ein Wohnortwechsel ins vierstöckige Haus im Währinger Villenviertel an. Nach Grinzing, das Heesters schon in den 30er-Jahren gemocht hatte, war es nicht weit. Der private Rückzugsort vom Theatertrubel war gediegen möbliert, mit wertvollen Teppichen, Gemälden und Terrakotta-Madonnen kostbar ausgestattet.

Neben dem sprechenden Wellensittich Pierrot und dem Kater Poppedyntje gab es immer wieder Hunde im Hause Heesters, zunächst einen Schäferhund, später einen Bernhardiner. Die ältere Tochter Wiesje wird Pianistin. Die jüngere Schauspielerin: „Ich bin meinem Vater dankbar, dass er mich in Ruhe meinen Weg hat gehen lassen, dass er mich aus der Ferne beobachtet hat, ohne mich zu beeinflussen."

Nicole Heesters macht in Deutschland Karriere, am Theater und beim Fernsehen: „Als die Nachricht kam, dass das Haus in der Cottagegasse verkauft wurde, war ich gerade schwimmen im Kellinghusenbad in Hamburg. Und plötzlich habe ich geweint. Ich dachte immer, keine so große Bindung an dieses Haus zu haben, in dem ich nur vier Jahre gelebt hatte. Und meine Schwester sehr viel länger. Aber plötzlich habe ich gemerkt, wie weh es mir tat."

In den Sechziger- und Siebzigerjahren ist Heesters dauerpräsent – im Kino, auf Galas, im Theater und auch im Fernsehen. Noch jenseits der 100 gehen ihm bei vielen Auftritten die frivolen Eingangsreime aus Franz Lehárs Luststückchen luzide über die Lippen: „Da geh ich zu Maxim / Dort bin ich sehr intim / Ich duze alle Damen / Ruf' sie beim Kosenamen." 750 Mal spielt er ab Mitte der Siebzigerjahre die andere große Lebemannrolle seiner Karriere: den Honoré Lachailles in Frederick Loewes Erfolgsmusical „Gigi".

Es gibt einen schwarzhumorigen Witz, den Heesters gern selbst erzählte: Um 4 Uhr nachts klingelt's an der Tür. Jopie quält sich aus dem Bett, schlurft zur Tür und öffnet. Draußen steht der Tod mit einer Sense in der Hand. Da dreht sich der Hausherr um und ruft: „Simone! Es ist für dich!"

Ein Hauch von großer Operette liegt in der Luft, der Glanz vergangener Zeiten, und es wird noch einmal zelebriert, was im Zeitalter der Seifenopern verloren gegangen ist: die guten Manieren, die Grandezza, die professionelle Eleganz. Für all das steht Johannes Heesters, Jopie, der König der leichten Muse und Kaiser der Operette, der ewige Sonnyboy im Frack, den man einen Superstar nennen müsste, wenn das Wort nicht so heruntergekommen wäre. Nennen wir ihn also eine Legende, ein Jahrhundertereignis. Oder einfach nur einen Gentleman und Grandseigneur.

Stummfilm, Ufa, Fernsehzeitalter – er hat alle Entwicklungen mitgemacht, sich immer auf das Neue eingestellt. Als die gute alte Operette allmählich ausstarb, widmete er sich dem Musical, und als auch das nicht mehr seine Heimat war, erprobte er sich als Charakterdarsteller im Theater: Mit 86 Jahren spielte er den greisen „Casanova auf Schloss Dux".

Zuletzt war Johannes Heesters, der einst Frauenherzen zum Schmelzen gebracht hatte, für viele der drollige Show-Methusalem. Der am längsten dienende Schauspieler – im Guinnessbuch der Rekorde steht er als ältester aktiver Schauspieler der Welt – wirkte wie ein Wesen, das aus der Zeit gefallen zu sein schien. Im Alter von 105 Jahren spielte er in dem Boulevardstück „Im weißen Rössl" die Rolle des Kaisers Franz Joseph, damals sagte er: „Sagen Sie, wie lange muss ich hier noch stehen? Man ist schließlich keine 100 mehr!"

Am Heiligen Abend 2011 ist der älteste aktive Schauspieler der Welt mit dem Image des stilvollen Gentleman gestorben. Er wurde 108 Jahre alt.

GEORG ADAM SCHEID

DER SECESSIONIST UND DER MAGNETISEUR

Mit guten Schmuckdesignern ist es wie mit erfolgreichen Couturiers: Sie erfüllen Wünsche, bevor sie geäußert werden. Georg Adam Scheid (1837–1921) ist weniger bekannt als die Künstler der weltberühmten Wiener Werkstätte. Obwohl er wesentlich zum Erfolg der neuen Interpretation des Jugendstil-Designs *made in Vienna* beigetragen hat.

Er eröffnete 1882 einen Betrieb in der Gumpendorfer Straße 85 und war vor allem im Export in die umliegenden Länder der Donaumonarchie erfolgreich. Aus der 1884 gegründeten Georg Adam Scheid'schen Affinerie ging später die Ögussa – die Österreichische Gold- und Silber-Scheideanstalt – hervor. Heute werden seine Preziosen mit den Signets „G.A.S." oder „S.G.A." in prominenten Auktionshäusern unter anderem in London und Amsterdam versteigert.

Der Schmuckhersteller, einer der größten der Monarchie, hatte sein Grundstück in der Hochschulstraße 9 – heute Gregor-Mendel-Straße 25 – von der Familie Kuffner erworben und darauf 1897 eine imposante Familienvilla errichten lassen. Den Entwurf dazu lieferte der Architekt Josef Hackhofer, Büro-Partner von Friedrich Ohmann, zu dessen Hauptwerken die im Jugendstil errichtete Hohe Brücke über den Tiefen Graben in der Wiener Innenstadt zählt.

Scheid hatte sich 1911 zurückgezogen und das Geschäft seinen beiden Söhnen überlassen. Nach seinem Tod 1921 in Meran wurde im Familiengrab am Evangelischen Friedhof in Simmering begraben.

Fast vergessen ist auch Scheids Schwiegersohn: Der Maler und Grafiker Josef Maria Auchentaller war um 1900 neben Gustav Klimt, Kolo Moser und Josef Hoffmann einer der wichtigsten Künstler der Wiener Secession. In der Retrospektive „Jugendstil pur! Josef Maria Auchentaller“ wurden 2009 im Leopold Museum rund 300 Werke ausgestellt, die die Vielseitigkeit des Künstlers belegen: Gemälde, Zeichnungen, Plakate, Illustrationen für die Secessionszeitschrift „Ver Sacrum“, Stoffmuster für Backhausen sowie Schmuckstücke und Fotografien.

Seine Gemälde wie „Elfenreigen“ und „Ruhe nach dem Sturm“ schmückten Scheids neues Heim: Visualisiert hat Auchentaller dabei Beethovens 6. Symphonie, die „Pastorale“. Ein Foto des Musikzimmers der Villa Scheid ist im April 1901 in der Zeitschrift „Ver Sacrum“ erschienen.

Einige Jahre später kamen die Werke ins Musikzimmer der Bugholzmöbelfabrikanten Thonet im Lehenhof bei Scheibbs in Niederösterreich und damit in deren Kunstsammlung. Mit Viktor und Martha Thonet verband Auchentaller eine lebenslange Freundschaft. Alle fünf Töchter von Scheid hat Auchentaller als Tanzende auf „Elfenreigen“ dargestellt.

Auchentaller arbeitete von 1898 bis 1904 für die Secession, nahm an zehn Ausstellungen teil, war für die Ausstellungsarchitektur verantwortlich. Das 8. Heft des IV. Jahrgangs (1901) von „Ver Sacrum“ war zur Gänze ihm gewidmet. Bei der berühmten XIV. Secessionsausstellung im Jahr 1902, die Ludwig van Beethoven gewidmet war, gestaltete er den Fries „Freude schöner Götterfunken“ nach Beethovens 9. Symphonie – und Gustav Klimt den berühmten „Beethovenfries“, der Max Klingers Beethovenskulptur umrahmte.

In seinem Künstlerroman „Das Geisterschiff“ erzählt Egyd Gstättner das Leben des Malers Josef Maria Auchentaller nach:

1903 wurde er zum Aussteiger aus der Wiener Kunstszene, ging nach Grado, wo seine Frau Emma die Pension „Fortino“ eröffnete. Entworfen hat sie die Pension auf dem Gelände der ehemaligen napoleonischen Bastion Julius Mayreders, Bruder des Architekten Karl Mayreder, der mit der berühmten Frauenrechtlerin Rosa Mayreder verheiratet war.

Auchentaller selbst gestaltete den Fassadendekor. Vor dem Ersten Weltkrieg verbrachten Künstlerfreunde wie Carl Moll, Maximilian Kurzweil, Max Liebenwein, Alfred Roller oder der berühmte Jugendstilarchitekt Otto Wagner als Gäste unbeschwerte Tage bei den Auchentallers.

Durch den Krieg und die Entfernung von der Heimat geriet Auchentaller zunehmend in Vergessenheit. Trotz seiner Sehnsucht nach Wien und zu den Bergen vom Grundlsee aber malte er bis an sein Lebensende Lagunenlandschaften, Segelboote, die Stadt und den Hafen von Grado und norditalienische Szenerien. Und ein Selbstporträt: Es zeigt ihn als ernsten Mann mit spöttischem Zug um die Lippen. Und mit einem geschlossenen Auge.

Ab 1906 war die „Villa Scheid“ in der Wiener Gregor-Mendel-Straße, heute Sitz der Botschaft der Republik Korea, Wohnung und zugleich Experimentierlabor des Kunsthandwerkers, Erfinders und autodidaktischen Heilers Valentin Zeileis. Der nannte sich „Heilmagnetiseur“ und hat zunächst als einer der führenden Kunsthandwerker der Wiener Werkstätten Entwürfe von Kolo Moser und Josef Hoffmann in Metall und Glas realisiert. Sein Zeichen – ein großes Z, an dessen oberem Querbalken ein V nach unten hängt – findet sich auf zahlreichen Preziosen dieser Periode.

Dank seiner wohlhabenden zweiten Frau Friederike, einer geborenen Mautner Markhof, konnte Zeileis in seiner Wohnung im Cottage mit dem Medium Elektrizität experimentieren und nach und nach auch Patienten mit Hochfrequenztherapie behandeln. Kostenlos, um nicht als Kurpfuscher angeklagt zu werden. Der Erste Weltkrieg beendete zunächst seine Forschungen.

Zeileis stieg auf Hühnerzucht und Eierhandel um und verdiente damit genug Geld, um sich in Gallspach in Oberösterreich ein Wasserschloss zu kaufen. Dorthin übersiedelte er 1920 und gründete mit seinem Sohn Fritz, einem promovierten Mediziner und Radiologen, das später weithin bekannte „Institut Zeileis", für das vor Ort ein eigenes Elektrizitätswerk errichtet wurde.

Das Jahr 1924 datiert die erste Anwendung einer ebenfalls von ihm entwickelten speziellen Magnetfeldtherapie. Der Ansturm von bis zu 95.000 Patienten war so groß, dass von Wien aus zeitweise sogar Sonderzüge nach Grieskirchen-Gallspach fuhren. Und Mitarbeiter im „Institut Zeileis" war unter anderen der Physiker und Chemiker Dr. Ing. Wilhelm Furtwängler, der Sohn des berühmten Dirigenten.

www.auchentaller-art.com

RICHARD BEER-HOFMANN

„EINE SYMPHONIE IN WEISS"

Sein Vermögen raubten ihm die Nationalsozialisten. Durch Flucht ins Exil im August 1939 verlor er seine Heimat. Und durch das Schicksal seine über alles geliebte Frau. Sie starb auf dem Weg in die Emigration in Zürich plötzlich an einer Herzattacke. Was blieb ihm am Ende in Amerika? Nur die Erinnerung an glücklichere Zeiten in seiner Josef-Hoffmann-Villa in Wien Währing, in der 1945 zuerst die Rote Armee und dann amerikanische Offiziere einzogen. 1970 fällt sie der Abrisswut zum Opfer. Ein unersetzlicher Verlust für Wiens Architekturgeschichte.

Wer war Richard Beer-Hofmann? Ein Vielbewunderter. Für Arthur Schnitzler „der bedeutendste von uns allen" im Kreis des Jungen Wien. Diese literarischen Ästheten vertreten, so Hermann Bahr, ein künstlerisches Bewusstsein der Modernität, ohne einem Programm verpflichtet zu sein. Freilich, es gibt Leitfiguren dieser Moderne: Ibsen, Hauptmann, Nietzsche.

Beer-Hofmann ist in der frühen Phase der Jungwiener Literatur durch die Ausstrahlung und das Prestige seiner Persönlichkeit, zu der nicht zuletzt die legendäre Eleganz seiner Krawatten gehörte, die angesehenste Figur. Der gelernte Jurist lebt zunächst, wie Olga Schnitzler überliefert, in der Wollzeile in einer Wohnung mit Diener, in der „feierlichen Atmosphäre des Ästheten, in bewußter Abkehr von gewohnten bürgerlichen Lebensformen".

Er veröffentlicht wenig, bis 1900 nur ein Novellenbuch mit „Camelias“ und „Das Kind“. Prompt lästert Karl Kraus über seinen Hang zur Selbstinszenierung, über den Schriftsteller, der „seit Jahren an der dritten Zeile einer Novelle arbeitet, weil er sich jedes Wort in mehreren Toiletten überlegt“. Was entsteht, sieht Kraus eher als „Produkt der Transpiration“ und „Schweißgeburt“. Er gibt vor, Beer-Hofmann trotz seines „Zionismus“ zu schätzen, er nimmt ihm nur „seine dichterische Produktion in ihrer Gesamtheit übel“.

Aber Beer-Hofmanns tragisch-schönes „Schlaflied für Mirjam“, von der „Neuen Rundschau“ in Berlin abgedruckt, war das berühmteste Gedicht der Jahrhundertwende. Die Worte sind an Mirjam gerichtet, die 1897 geborene Tochter. Rainer Maria Rilke liebte es wie kein anderes und hat es oft wie ein Gebet rezitiert.

Schlaflied für Mirjam

Schlaf mein Kind – schlaf, es ist spät!
Sieh wie die Sonne zur Ruhe dort geht,
Hinter den Bergen stirbt sie im Rot.
Du – du weißt nichts von Sonne und Tod,
Wendest die Augen zum Licht und zum Schein –
Schlaf, es sind soviel Sonnen noch dein,
Schlaf mein Kind – mein Kind, schlaf ein!

Schlaf mein Kind – der Abendwind weht.
Weiß man, woher er kommt, wohin er geht?
Dunkel, verborgen die Wege hier sind,
Dir, und auch mir, und uns allen, mein Kind!
Blinde, so gehn wir und gehen allein,
Keiner kann Keinem Gefährte hier sein –
Schlaf mein Kind – mein Kind, schlaf ein!

Schlaf mein Kind und horch nicht auf mich!
Sinn hat's für mich nur, und Schall ist's für dich.
Schall nur, wie Windeswehn, Wassergerinn,
Worte – vielleicht eines Lebens Gewinn!
Was ich gewonnen gräbt mit mir man ein,
Keiner kann Keinem ein Erbe hier sein –
Schlaf mein Kind – mein Kind, schlaf ein!

Schläfst du, Mirjam? – Mirjam, mein Kind,
Ufer nur sind wir, und tief in uns rinnt
Blut von Gewesenen – zu Kommenden rollt's,
Blut unsrer Väter, voll Unruh und Stolz.
In uns sind alle. Wer fühlt sich allein?
Du bist ihr Leben – ihr Leben ist dein –
Mirjam, mein Leben, mein Kind – schlaf ein!

Der Autor der Erzählung „Der Tod Georgs", die ursprünglich „Der Götterliebling" heißen sollte, ein Beispiel par excellence für den literarischen Jugendstil, ist heute beinahe so vergessen wie sein erfolgreichstes Stück: „Der Graf von Charolais". Es versteht sich fast von selbst, dass das dramatische Erstlingswerk nicht in Wien aufgeführt wurde, sondern erst mit einer Berliner Truppe nach Wien kam: Max Reinhardt hatte die Qualitäten dieses Theaterstücks erkannt.

Beer-Hofmann hing mit jeder Faser seines Wesens an Wien. In der Hasenauerstraße, dieser bis heute schönen Allee, hinter deren Bäumen sich die hübschen Villen verbergen, war er nach der Jahrhundertwende zu Hause. Ein Nachbar des Türkenschanzparks und als Spaziergänger sein fast täglicher Gast.

Die Jungwiener waren auf Distanz bedacht. „Arthur Schnitzler war gegen jede körperliche Berührung, wie das vertraute Handauflegen auf die Schulter, überempfindlich und ablehnend bis zur Schroffheit", erzählte Felix Salten. Und Beer-Hofmann, von Salten als „Mäzen des Verstehens" tituliert, habe sogar einmal gesagt: „Freunde? Freunde sind wir eigentlich nicht – wir machen einander nur nicht nervös."

Lou Andreas-Salomé, nach der zerbrochenen Freundschaft mit Friedrich Nietzsche die Geliebte von Rilke, später die Schülerin Sigmund Freuds, verehrt er, nachdem er sie im Frühling 1895 in Wien kennengelernt hatte. Sie wohnt „am Stephansdom, in einem sehr guten großen Hotel, zwei um so winzigere Stübchen im Nebenbau oben, die allerliebst hergerichtet waren; durch die darin verbrachten Plauderstunden sind diese Stübchen nebst mir selbst in Peter Altenbergs Erstlingsbuch ‚Wie ich es sehe' hineingeraten."

Die Wiener Atmosphäre erscheint ihr „im Vergleich zu der anderer Großstädte" damals „am meisten gekennzeichnet durch ein Zusammengehen von geistigem und erotischem Leben", so Lou Andreas-Salomé. „Was anderwärts etwa als Lebemannstypus sich vom Berufs- und Geistesmenschen scheidet, das fand hier eine Anmut, die das ‚süße Mädel', sogar das bloß süße Mädel, in erhöhte Erotik hineinhob und wiederum sogar die ernsteste Drangabe an Geistesberuf und Berufung noch in ein Verhalten löste, das dem nur zweckbezogenen Ehrgeiz etwas von seiner Schärfe nahm."

Erinnerungen sei sie treu für immer, Menschen werde sie es niemals sein, erklärt Lou Andreas-Salomé, mit der Beer-Hofmann Anfang September 1895 von München nicht wie geplant zu einer Strandpartie in der Nähe Kopenhagens sondern nach Tirol fährt. Aber die verregneten bitterkalten Tage, die sie in der Pension „Jägerhof" in Schönberg im Stubaital verbringen, verlaufen alles andere als harmonisch.

Nach einem Streit fährt sie allein mit dem Zug nach München, während er zurückbleibt und seinem Freund Schnitzler schreibt, „dass es am schönsten ist allein zu reisen".

Wenige Monate später lernt er in Wien in der Süßwarenhandlung von Victor Schmidt & Söhne am Stephansplatz das Ladenmädchen Paula Lissy kennen. Die um 13 Jahre jüngere ist die Liebe seines Lebens. Bei der Heirat der beiden am 14. Mai 1898 – ihr erstes Kind Miriam war 1897 zur Welt gekommen – ist Schnitzler einer der Trauzeugen in der Synagoge in der Florianigasse in der Josefstadt.

Auf Besucher wirkt das „stolze Paar" beeindruckend. Er: Salomon in seiner Pracht. Sie: blond, schwebend, „eine auffallend schöne Erscheinung, groß und klar, und mit einem prachtvollen Kopf", sagt der Theaterkritiker Julius Bab über Paula. „Sie ging keineswegs auf in dem Mann, den sie doch gewiss so sehr wie nur möglich liebte und umsorgte. Sie stand als ein ganz eigenes Wesen neben ihm."

Beer-Hofmann habe sie „aus einem Wiener Mädel ins Präraffaelitische stilisiert, und es ist ganz hübsch, wenn ein aus dem Rahmen getretenes Bild", so Schnitzler in einem Brief an die von ihm verehrte Thalhof-Hotelière Olga Waissnix, „im Original auf der Veranda sitzt und plötzlich auf gut Wienerisch zu lachen, zu schauen und zu reden anfängt".

Kleines Detail am Rande: Der Dichter (7. und 8. Dialog) in Schnitzlers „Reigen"-Autograf von 1897/98 heißt noch Richard, später Robert, um die ursprünglich beabsichtigte Anspielung Schnitzlers auf seinen Freund Richard Beer-Hofmann zu verwischen, der zu der Zeit gerade endgültig vom Lebe- zum Ehemann mutierte. Ein paar Jahre später – 1906 – lässt sich der finanziell unabhängige Beer-Hofmann von Josef Hoffmann in Währing, Ecke Hasenauerstraße 59 / Meridianplatz, eine Villa bauen.

Für Max Reinhardts Theater in Berlin ist Beer-Hofmann in den 1920er-Jahren mehrmals als Dramaturg und Regisseur tätig. Für ihn gibt es einen guten und einen auffallenden Regisseur: „Der Unterschied ist der gleiche wie zwischen zwei Schneidern, von denen der eine die Frau anzieht, dass jeder von ihren Kleidern, der andere, dass jeder von ihrer Schönheit hingerissen ist: Der eine macht, dass man nur die Toiletten der Frau sieht, der andere, dass ihre Schönheit, ihre Anmut zur Geltung kommt, ohne dass man wüsste, wie. Der heutige Regisseur, der ein Stück nach dem andern inszeniert, ist meist bemüht, seine Eigenart hervortreten zu lassen – und erreicht auch die Wirkung, sein Publikum zu überraschen, zu verblüffen. Der wahrhaft gute Regisseur aber arbeitet lautlos und unsichtbar: Man sitzt im Theater und findet das Stück schön, man fragt sich und ahnt erst nachher, warum es einem gefallen hat."

Wien. Sie ist die „einzige Stadt, in der ich leben und arbeiten kann", schreibt er Schnitzler einmal von einer Reise aus Italien. Sein Haus im Cottage „ist ein hoher, geradliniger Bau mit einfachen, sezessionistischen Formen. Josef Hoffmann hat ihn ausgeführt, und erlesene Kultur des Geschmacks liegt über dem Ganzen", schreibt Paul Wilhelm 1908 im „Neuen Wiener Journal". „Ich trete in eine weite ‚hall' ein, von der Stufen zu den Gemächern emporführen. Alles ist in blendender Helle gehalten – eine Symphonie in Weiß."

Das Dichterheim Beer-Hofmanns schmücken bezaubernde kleine und große Kostbarkeiten: Die Sammlung war eine eklektische Mischung aus älteren und neueren Bildern (etwa einer Tina Blau oder eines Theodor Hörmann), vermerkt die Lost-Art-Datenbank; ferner enthielt sie Judaika, geschnitzte Engelsköpfe, Alt-Wiener Porzellan, Asiatika und Biedermeier-Möbel.

Der Nationalsozialismus bringt ihm den Verlust von allem: Die drei Zinshäuser müssen ebenso wie die Villa weit unter Wert verkauft werden. Als die Reichsfluchtsteuer bezahlt ist und der Weg in die Emigration endlich frei, hat Paula ihren ersten Herzinfarkt. Nach der Ausreise im August 1939 stirbt am 30. Oktober 1939 in Zürich die Frau des neben Hofmannsthal und Schnitzler bedeutendsten Dichters der Wiener Moderne, der bitter feststellt: „Ich ziehe den nun leer gewordenen Karren meines Lebens hinter mir her, als hätte dies alles noch Sinn."

Was folgt, hat er in seinem Schnitzler gewidmeten Gedicht „Der einsame Weg" schon 1905 formuliert: „Alle Wege, die wir treten, münden in die Einsamkeit. Dort, wohin ich geh zu wohnen, will sich keiner zu mir finden." Die sechs Jahre, die ihm im amerikanischen Exil noch verbleiben, sind ein Versuch, die verlorene in die erinnernde Gegenwart zurückzuholen. Daraus entsteht eines der bewegendsten Liebes-Gedenkbücher an die verstorbene Frau in der deutschen Literatur: „Paula, ein Fragment." Nach seinem Tod am 26. September 1945 wird Beer-Hofmann seinem testamentarischen Wunsch gemäß an der Seite seiner Frau auf dem Israelitischen Friedhof Friesenberg in Zürich beigesetzt. Übrigens: Es ist derselbe, auf dem auch Felix Salten beerdigt wurde.

FELIX SALTEN

BAMBIS WELTBERÜHMTER VATER

Allererste Erinnerungen eines kleinen Mädchens: Papa arbeitete viel. Oft kam er in der Morgensonne durch das Kinderzimmer, müde von der durcharbeiteten Nacht, aber lächelnd und heiter. Auch Mama war immer vergnügt: „Ich sehe sie noch vor mir in zauberhaften, nilgrünen Tea Gowns mit vielen Spitzen, die mir das Schönste auf der Welt schienen."

Anna Katharina glaubte, dass ihre Eltern damals ihre glücklichste Zeit hatten. Sie hielt ihren Papa für „den größten Dichter", ihre Mama für „die schönste Dame", ihren Bruder für „den tapfersten Jungen" und sich selbst für „das schlimmste Mädel" der Welt: „Also war auch ich restlos glücklich."

Der Papa war Felix Salten, eine schillernde Figur: Zionist und Hedonist, Asphaltliterat und Naturliebhaber, Lebemann und leidenschaftlicher Jäger. Der Erfinder von „Bambi", dem wohl bekanntesten Reh der Welt. Die „Lebensgeschichte aus dem Walde", so der Untertitel des Romans, war sein Geniestreich, der ihn berühmt gemacht hat. Am Ende verscherbelt um ein Spottgeld.

Damals lebte die Familie noch in einem kleinen, halb verfallenen Maria-Theresien-Schlösschen in der Armbrustergasse 6 in Heiligenstadt. „Das Haus hatte ein paar schöne große Zimmer, ein kleines Türmchen, in dem Eulen wohnten, eine große Terrasse und viele alte Rumpelkammern. Ein riesenhafter Park war auch dabei", erinnerte sich Anna Katharina.

In die Zeit um ihren vierten Geburtstag 1908 fiel auch ihre Verlobung mit Heini Schnitzler, dem Sohn des Dichters. „Ich vergötterte ihn, und da ich ihm mehr als wurscht war, war er der Überlegene." Was sie oft zu fühlen bekam. Mit der erpresserischen Bedingung „... sonst heirate ich dich nicht!" konnte er jedes Spielzeug, jede Gefälligkeit von ihr haben.

„Als ich einmal, leuchtend vor Liebe und Anbetung, im Schmuck meiner braunen Locken und meines roten Samtkleidchens, zu einer ‚Kinderjause' bei Schnitzlers erschien, brach er mir das Herz endgültig mit den Worten: ‚Bei mir muss ein Mädel blonde Locken haben und ein weißes Kleiderl an ...'" Von da an wollte Anna Katharina nur mehr Schauspielerin werden.

Sonntags kamen oft Gäste zu Besuch nach Heiligenstadt. Arthur Schnitzler, Richard Beer-Hofmann, Hugo von Hofmannsthal, der Erzähler Jakob Wassermann – mit Frauen und Kindern. Oft kamen auch Schauspieler, Musiker, oder Künstler von auswärts. Rainer Maria Rilke war einmal einen ganzen Tag da und las aus einem kleinen, handgeschriebenen Buch seine Gedichte vor.

Als das Haus in Heiligenstadt abgerissen werden musste, zog die Familie 1909 in eine Cottage-Villa nahe der grünen Hügel-

Kette, die Wien umschließt. Wo auch Schnitzler und andere Künstler ihren Wohnsitz aufgeschlagen haben. „Wir hatten immer Hunde, Katzen, Vögel – Papa liebt Tiere“, berichtete Anna Katharina. Ihr Bruder Paul hielt außerdem noch Fische, Frösche, Molche, Schlangen. Zur Strafe geschlagen wurden die Kinder nie. „Auch unseren Gouvernanten – wir hatten im Lauf von zehn Jahren achtunddreißig – war das streng verboten.“

Im Haus in der Cottagegasse hängen an den Wänden ein Bild von Josef II. und eine Kopie des Canaletto-Gemäldes „Schloß Schönbrunn“. Büsten von Schubert und von König David mit der Harfe stehen auf Saltens Schreibtisch. Er sitzt, wenn nicht daheim bei der Arbeit, am literarischen Stammtisch zwischen Schnitzler, Hermann Bahr, Hugo von Hofmannsthal, gehört zu jener Revolution, die als Jung-Wien in die Literaturgeschichte eingegangen ist. Deren Protagonisten sind damals im Café Griensteidl zu Hause. Und das ist durchweht vom Espritlüfterl der Stadt.

Mit Schnitzler verbindet ihn eine herzliche Freundschaft, mit Karl Kraus eine ebenso herzliche Feindschaft. Dem „Fackel“-Großkritiker, mit dem er sich 1894 in noch freundschaftlicher Beziehung sogar eine Wohnung geteilt hatte, verpasst er später eine Ohrfeige, „was allseits freudig begrüßt wurde“, so Schnitzler, weil Kraus Saltens Liebesleben öffentlich gemacht hatte. Darauf wandert der Satiriker aus und wechselt vom Griensteidl ins Café Museum.

Der Wortführer und Kopf der Gruppe Jung-Wien aber ist Hermann Bahr, der 1923 in seinem „Selbstbildnis“ schreibt, er sei ein „intellektueller Herr von Adabei“ gewesen: „Ich habe fast jede geistige Mode dieser Zeit mitgemacht, aber vorher, nämlich als sie noch nicht in Mode war.“

Der Dramatiker und Kritiker – mit seinem Lustspiel „Das Konzert“, Richard Strauss gewidmet, verspottet er geistreich-witzig die Künstlereitelkeit – lässt sich von Joseph Maria Olbrich in

Hietzing eine Villa im Stil eines süddeutschen Bauernhauses erbauen. In den Jahren 1900 bis 1912 ein Treffpunkt des künstlerischen Wien.

In seinem Arbeitszimmer hat sich der unermüdliche Propagandist der Moderne Klimts berühmtes Gemälde „Nuda Veritas" – eine Ikone des Jugendstils – in eine Holzverkleidung einbauen lassen. Über seinen Nachlass und seine Frau Anna von Bahr-Mildenburg kam es schließlich ins Österreichische Theatermuseum.

Sinnlich gestaltet sich aber auch schon Bahrs Reise mit einer Berliner Theatergruppe im Frühling 1891 nach St. Petersburg. Den als „Russische Reise" veröffentlichten Bericht widmet er „Dem kleinen Fräulein. Wien, Juni 1891."

Gemeint ist die mitreisende Schauspielerin Lotte Witt, mit der Bahr eine Liebschaft hat. Sie nennt ihn in Briefen bereits 1890 „Mein lieber, treuer Wüstling" und „Einzig treuer Wüstling!" Und gibt in der Korrespondenz das distanzierte „Sie" zugunsten des vertrauten „Du" nie auf. Noch 1898 bedauert sie, nicht nach Ischl kommen zu können. Und schreibt einmal aus Hamburg: „Lieber, einzig guter Freund! Ich hab' auf einmal eine so unbändige Sehnsucht nach Ihnen und weiß meinen Gefühlen nachzugeben. Was werden Sie von mir denken? Ich hab Sie noch immer gern, sogar lieb, aber Sie sind mir zu unanständig."

Turbulenzen in einer Zeit der wahllosen Liebschaften und „Liebschäftchen" gibt es auch an anderen amourösen Fronten. Adele Sandrock tritt 1893 im Wiener Deutschen Volkstheater als Fanny Theren in Schnitzlers Bühnenerstling „Das Märchen" auf. Niemand sonst will diese „gefallene" Frau spielen, die zwei Liebesverhältnisse hinter sich hat und dennoch nicht vor Reue zusammenbricht, sondern mit erhobenem Haupt ihren Weg geht: 1893 ein Skandal. Nach nur zwei Vorstellungen wird das Stück abgesetzt.

Die Sandrock findet Gefallen an der Rolle – und mehr noch am Schriftsteller. Sie ergreift die erotische Initiative und nimmt sich, wen sie will. Affären kreuzen ihren Weg wie Spaziergänger: „Kinder, ich bin heute in Stimmung, ich könnte zehn Liebhaber fressen", soll sie gerufen haben. Schnitzler lässt sich nicht lange bitten. Aber nach dem ersten Rausch der Sinne beginnt eine Humoreske mit extremen Stimmungslagen, ein Sexualschwank zweier Hysteriker mit bühnenreifen Privatauftritten und Dialogen, auch in Briefform.

Schon mit 26 Jahren ist sie eine Diva. Er porträtiert sie als solche in „Der Reigen".

Schauspielerin: „Du hast viel versäumt."
Dichter: „So."
Schauspielerin: „Es war sensationell. Die Menschen sind blass geworden."
Dichter: „Hast du das deutlich bemerkt?"
Schauspielerin: „Benno sagte: Kind, du hast gespielt wie eine Göttin."
Dichter: „Hm! Und vorgestern noch so krank."
Schauspielerin: „Jawohl; ich war es auch. Und weißt du warum? Vor Sehnsucht nach dir."
Dichter: „Früher hast du mir erzählt, du wolltest mich ärgern und darum hast du abgesagt."
Schauspielerin: „Ach, was weißt du von meiner Liebe zu dir! Dich lässt das ja alles kalt, aber ich bin schon nächtelang im Fieber gelegen, 40 Grad!"

Während der 15 Monate langen, stürmischen Romanze bis zum Frühjahr 1895 schreibt sie ihm 257 Briefe und Telegramme, er ihr 133. Der Liebhaber Schnitzler ist genervt von den Allüren der kapriziösen Heroine. Ihr Seitensprung mit Salten beschädigt die Freundschaft der Männer nicht. Aber er entzündet die Eifersucht Schnitzlers, der den finalen Absprung von seiner „Dilly" noch nicht wagt.

Die bevorstehende Premiere seines Stückes „Liebelei" am Burgtheater ist ihm offenbar zu wichtig – wieder mit der Sandrock in der Hauptrolle. Sie wird ein großer Erfolg. Da aber hatte sich Schnitzler von der launischen Diva schon wieder abgewandt, die sich prompt beklagt: „Ach du zehnfach erstarrter Eisbär, Du. Das Wort Liebe ist noch nicht bis zu Dir gedrungen, sonst könntest Du einen solchen Frevel nicht begehen. Jetzt muss ich aber den Brief schließen und Du ihn mir verzeihen. Ich habe 120 Pulsschläge in der Minute, das ist kein Zustand mehr. Ja, so zerstört halt der große geniale Arthur Doktor Schnitzler ein Menschenleben."

Auch er stöhnt über die anstrengende Sandrock-Affäre: „Die Weiber haben nicht interessant zu sein, sondern angenehm." Er ist ein Chauvinist, selber ein passionierter Seitenspringer, aber zugleich als betrogener Betrüger in Liebessachen ein Meister der Eifersucht. Einer treulosen Geliebten wütet er hinterher: „Wenn du langsam zu Tode gemartert würdest, geschähe dir noch zu wenig."

Später sehen sie sich noch gelegentlich. Zuletzt begegnen sie einander 1929, zwei Jahre vor Schnitzlers Tod. Der Dichter sitzt im Parkett des Berliner Theaters Unter den Linden; die Sandrock ist dort engagiert, erfährt vom berühmten Besucher, sieht ihn durch das Guckloch im Vorhang und wundert sich: „O Gott, ist der alt geworden!"

In deutschen Filmkomödien der 30er-Jahre war Adele Sandrock berühmt in Besetzungen als komische Alte, herrische Tante, tyrannische Großmutter und eifersüchtige Göttin. Mit strafenden, durchdringenden Blicken, zerknittertem Gesicht und düsterer Bassstimme. Der Sarkasmus ist ihr ständiger Begleiter. Eine junge, noch unerfahrene Kollegin fragt sie einmal: „Bitte, verehrte Frau Sandrock, wie schminkt man sich eigentlich alt?" Darauf knurrt sie: „Abschminken, meine Liebe, wischen Sie sich die Schminke ab!"

„Salten. Ich kann mir nicht helfen – ich bin ihm geradezu dankbar." So hakt Schnitzler das Ende der Affäre Sandrock in seinem Tagebuch ab. Und Salten notiert später in einem Aufsatz zu Schnitzlers 50. Geburtstag über die Eigenart seiner literarischen Gestalten: „Schuldlose sind sie alle. Oder Entschuldigte."

Salten ist ein scharfsinniger Beobachter seiner Zeit. Durch ihn bekommen das Wiener Feuilleton und die Kritik eine besondere Prägung, Profil und Charakter. Er veröffentlicht zahlreiche Artikel, Feuilletons, in den 20er-Jahren ein Palästina-Reisebuch, Romane, Bühnenstücke und Geschichten über so gut wie jeden Aspekt des Wiener Lebens – von den Eskapaden der Vergnügungssuchenden im Prater bis zu den Angehörigen des Herrscherhauses. Seine Zeichnung österreichischer Menschen, wienerischer Persönlichkeiten sind wertvolle Genrestücke eines Malers, der mit seinen Modellen in innigster Vertrautheit lebt. „Österreichisch" ist für ihn die „noble Unfähigkeit, sich in Szene zu setzen".

Nicht zufällig heißt eines seiner essayistischen Bücher „Das österreichische Antlitz". In dieses Antlitz hat er oft mit der Miene des Schwärmers gesehen, mit dem sanft spöttelnden Zug eines Ironikers, der diese Welt, an der er manches auszusetzen hat, doch über alles in sein Herz geschlossen hat.

Er unterstützt früh die zionistische Vision Theodor Herzls, gründet zur Jahrhundertwende das erste Wiener Cabaret „Zum lieben Augustin" und ist ein begeisterter Anhänger der Innovationen, die Max Reinhardt dem Theater bringt. Er hat auch privat engen Kontakt zum aristokratischen Milieu, persönliche Kontakte zu den drei Erzherzögen der nicht regierenden toskanischen Linie im Haus Österreich, Leopold Ferdinand, Joseph und Heinrich. Karl Kraus verleiht ihm darauf den ironischen Titel habsburgischer „Hof- und Kammerfeuilletonist".

Salten schreibt über den „Wiener Adel", der ihm unverzichtbar scheint, um die „Physiognomie" der Stadt zu verdeutlichen:

„Wien ist ja, vorläufig, noch so ziemlich auf ‚aristokratisch' gestimmt." Und Hermann Broch diagnostiziert später: „Der Adel hat eine Familiengeschichte, die jüdische Bourgeoisie eine Neurosengeschichte."

Mit „Bambi", einer zeitlosen Parabel über das Leben und Sterben, gelingt Salten ein Bestseller. Die „Lebensgeschichte aus dem Walde" wird 1928 ins Englische übersetzt. Der britische Literaturnobelpreisträger John Galsworthy liest „Bambi" auf einer Zugfahrt, danach seine Frau, seine Schwägerin und sein Neffe. „So saßen wir vier durch drei Stunden und lasen in stiller Versunkenheit", sagte Galsworthy. „Nur wenige Bücher bestehen so eine Probe."

Die Lebensgeschichte von „Bambi" hat es in sich: Da gibt es auf der einen Seite das kaum fassbare Glück, sich die Welt nach und nach zu erobern. Und andererseits die Angst: Warum, fragt Bambi seine Mutter, muss der Iltis eine Maus töten? Und werden auch wir irgendwann töten müssen?

Tatsächlich ist „Bambi“ weit mehr als der Kinderbuchklassiker, der erst durch Walt Disneys Zeichentrickfilmadaption verkitscht und am 13. August 1942 in der Radio City Music Hall in New York uraufgeführt wurde. Große Kulleraugen und lange Wimpern machten aus Saltens Rehbock ein niedliches Tierchen nach Vorlage eines amerikanischen Weißwedelhirschen. „Damit wurde dieses wertvolle Buch eigentlich zerstört“, sagt Lea Wyler, die in Zürich lebende Enkelin Saltens.

Anfangs spielt der Film noch Verluste ein. 1943 wird er für drei Oscars nominiert und 1947 erneut in die Kinos gebracht – diesmal mit mehr Erfolg. Bis heute gilt „Bambi“ als einer der erfolgreichsten Filme aller Zeiten und als Meilenstein der Trickfilmgeschichte. Die auf Gesichtsausdrücken von Kleinkindern basierende Mimik der Protagonisten fasziniert die Zuschauer. Heimlicher Star des mit dramatischer klassischer Musik unterlegten Films ist der vorlaute Hase Klopfer, der beste Freund des neugierigen und tollpatschigen Bambis.

Beim Original gibt es statt Kitsch auch Szenen der Gewalt, in denen beispielsweise Krähen einen Junghasen zu Tode hacken. Und eine Treibjagd, bei der Bambis Mutter stirbt. „Bambi“ spielt im Wald, in dem Tiere und Pflanzen sprechen können und sich üblicherweise höflich und respektvoll begegnen. Der Wald ist eine Abbildung der Menschenwelt, in der philosophiert, debattiert, geträumt und gehofft wird. „Bambi“ zeigt die großen Probleme des Lebens: die Starken gegen die Schwachen, Reichtum versus Armut, Beziehungen und Konflikte, Alleinsein und Sterben.

Eine der schönsten und zugleich traurigsten Stellen beschäftigt sich mit der Vergänglichkeit: das Gespräch zwischen den zwei letzten Blättern am Ast im Spätherbst. Ob es wohl wahr ist, dass auf die gefallenen Blätter stets neue folgen werden, und auf diese wiederum wieder neue, und so weiter? „Ein nasser Wind strich kalt und feindselig durch die Baumwipfel“, heißt es am Ende der Geschichte. „‚Hach … jetzt …‘, sagte das zweite Blatt,

‚ich …‘. Da brach ihm die Stimme. Es war sanft von seinem Platz gelöst und schwebte hernieder. Nun war es Winter.“

Bevor Salten mit „Bambi“ und mit weiteren Tiergeschichten wie „Der Hund von Florenz“ oder „Die Jugend des Eichhörnchens Perri“ in den 1920er-Jahren berühmt wurde, arbeitete er um die Jahrhundertwende als international gefragter Feuilletonist von Wien aus für fast alle wichtigen deutschsprachigen Zeitungen und Zeitschriften. Und war dabei ein verlässlicher Seismograf des Wandels der Zeiten.

So erinnerte er in seiner Gedenkrede für Herzl von 1929 an ein kleines Wirtshaus vor dem Krieg in der Rotensterngasse 7a in der Leopoldstadt: In „Edelhofers Volksorpheum“ traten ostjüdische Volkssänger auf, unter ihnen eine Frau mit einem Lied, das dem Wiener Bürgermeister Lueger eine tödliche Krankheit und Erblinden prophezeite. Das Publikum, Christen und Juden gleichermaßen, applaudierte der Sängerin begeistert.

Der Kapellmeister des Orchesters, so stellte sich heraus, war Mitarbeiter bei einem berüchtigten Antisemitenblatt. „Beinahe herzlich“, so Salten, sprach er ihn als „Herr Kollege“ an. „Wie seltsam“, fährt er fort, „war diese Wienerstadt, wo feindliche Gesinnungen so friedlich sich miteinander mengten, wo kein Mensch politische Programme wichtig zu nehmen schien, wo die Gegner ebenso bereit waren, einander zu umarmen, wie einander die Schädel einzuschlagen.“

Weltuntergangsstimmung und Revolutionsangst im Herbst 1918 in Wien. Schnitzler bleibt skeptisch und reserviert. Sogar von bevorstehenden Pogromen ist die Rede. Im Cottage sollen sie beginnen, Salten erkundigt sich bei höchsten Beamten besorgt nach der Sicherheitslage. Er verlässt eine Zeit lang sein Haus und bezieht in ungefährdeteren Gegenden eine Unterkunft.

Schnitzler erfährt von der kleinen Näema Beer-Hofmann im Oktober: „Kinder mit Ruthen, am Türkenschanzpark, im Takt schlagend: ‚Noch ein Jud – noch ein Jud!‘“ Er reagiert auf derartige Beunruhigungen gelassen und ironisch und berichtet am 3. November im Tagebuch über eine ihm zugetragene Geschichte: „Aus dem Anstandsort Schwarzenbergplatz tritt, noch mit der Ordnung der Toilette beschäftigt, ein Bürger – in dem Moment kommt eine Schar mit rother Fahne vorüber. Der Bürger … ganz paff – Ja, was is denn –? Ein andrer zu ihm: Ja, sehns des nicht? Umsturz is! – Der erste (immer ordnend): Was is –? Umsturz? – Der andre: Na ja. Umsturz halt – mehr waß i a net." Karl Schönherr, lange Zeit der erfolgreichste österreichische Dramatiker neben Schnitzler, „folgert daraus, dass in Wien kein Boden für Bolschewikismus" ist.

15 Jahre später, Schnitzler ist bereits gestorben, heißt es bei Salten: „Wohin soll ich mich wenden?" Und unter dieser Überschrift: „Es ist freilich eine Lust zu leben. Trotz allem. Doch Dinge ereignen sich, die einem das Atmen schwer machen." Zum 60. Geburtstag attestiert ihm Sigmund Freud in einem Brief, „dass Sie zu den Dichtern gehören, die man sofort persönlich lieb gewinnt, wenn man etwas von Ihnen liest. Und da es nur wenige solche gibt, bedeutet das viel".

Zu der Zeit fühlt sich Salten in bester körperlicher und geistiger Verfassung und notiert: „Man spricht von der Schwelle des Greisenalters. Überholt und lächerlich! Ich bin gar nicht verbraucht, ich spiele Tennis, habe im Lauf dieses Jahres ein Dutzend Hochtouren gemacht, schwimme wie ein Fisch und junge hübsche Mädchen gefallen mir besser denn je … Ich bin ein leidenschaftlicher Amateur dieser schönen Welt. Ein Dilettant des Lebens will ich nicht sein."

1935 verbieten die Nazis die Bücher Saltens, der einer jüdischen Familie aus Budapest entstammte und eigentlich Siegmund Salzmann hieß. Zum Teil aus politischer Naivität, zum Teil aus Selbstbewusstsein und im Glauben an persönliche Kontakte und an sein persönliches Prestige glaubt er an ein „Überwintern" trotz der widrigen Verhältnisse in Wien.

Stefan Zweig, der ihm, besorgt um Saltens Leben, nach dem „Anschluss“ eine vorübergehende Unterkunft vermitteln will, teilt er am 30. April 1938 mit: „Ich denke nicht daran, meine Vaterstadt zu verlassen und glaube auch nicht, dass ich dazu gezwungen werde.“

Aber bereits wenige Wochen später schreibt Salten an Zweig, dass er sein Haus aufgeben müsse und damit auch einen Teil seines Mobiliars und seines Archivs. „So wandert nun ein großer Teil meines Lebens in den Papierkorb und ins Feuer.“ Erst ein knappes Jahr später verlassen er und seine Frau Ottilie das nationalsozialistische Österreich. Sie erhalten durch ihre in Zürich lebende Tochter Anna Katharina, in erster Ehe verheiratet mit dem Schauspieler Hans Rehmann, eine Aufenthaltsgenehmigung in der Schweiz. Aber im Exil darf Salten seinem Beruf nicht nachgehen und bekommt finanzielle Probleme. Umso bitterer, dass er die Film- und alle sonstigen Rechte an „Bambi“ um lächerliche 5.000 Dollar an Walt Disney verschachert hat.

Auch sein anderer großer Coup hat ihn und seine Erben nicht reich gemacht: Lange wurde gerätselt über den Urheber des pornografischen Romans „Josefine Mutzenbacher. Die Geschichte einer Wienerischen Dirne von ihr selbst erzählt“, 1906 anonym in kleiner Auflage im Erotika Verlag erschienen. Den hatte der Verleger Fritz Freund kurz zuvor von Oskar Friedmann, dem Bruder von Egon Friedell und späteren Direktor des Intimen Theaters, gekauft. In dessen Räumen befindet sich heute das Theater Nestroyhof Hamakom.

Das erste vom Erotika Verlag herausgegebene Buch war übrigens „Der Reigen“ von Arthur Schnitzler (1903). Es ging das Gerücht, Salten sei der anonyme Verfasser der „Lebensbeichte“ der Dirne, die vor allem auch ein Sittenbild des Wien im Fin de Siècle ist, ein Bild des Wien der kleinen Leute, der Bettgeher, der Dienstmädchen, der Hausbesitzersöhne, der kleinen Gastwirte, der Zuhälter und Huren.

Als der Skandalroman später weltweit erfolgreich ist und es keine Gründe mehr gibt, die Autorenschaft zu verheimlichen, ist es zu spät. Salten hatte die Spuren zu gut verwischt. Er versuchte in mehreren Verfahren sein Urheberrecht am Text zu beweisen. Vergeblich. Es gab kein Manuskript mehr. Es gab nur eine Postkarte an Stefan Zweig oder einen seiner Freunde, auf der stand: „Schreibe an der M." Zu wenig als Beweis für das Gericht.

Saltens Grab trägt die Nummer 2.487 auf dem Israelitischen Friedhof Unterer Friesenberg in Zürich. Der Grabstein ist von einem meterhohen Eibenstrauch überwuchert und die Inschrift nur mit Mühe zu entziffern: „Der Dichter Felix Salten, 1869–1945".

Mehr als 50 Bücher hat er veröffentlicht, die in 33 Sprachen übersetzt wurden. „Das einzige Buch, zu dem er sich nicht bekannte, blieb ewig an ihm hängen", sagt Lea Wyler. Die Enkelin Saltens zog in der Causa Mutzenbacher 1990 noch einmal vor den Bundesgerichtshof in Karlsruhe. Und bot im Verfahren eine ganze Reihe von Zeugen auf. Lilly Schnitzler, die Schwiegertochter von Arthur Schnitzler, hatte im September 1986 in einer eidesstattlichen Erklärung zu Protokoll gegeben, dass man in ihrer Verwandtschaft nie auch nur den Schatten eines Zweifels an der Autorenschaft Saltens geäußert habe. Auch habe ihr gegenüber Saltens Tochter eindeutig erklärt, dass ihr Vater das Buch „Josefine Mutzenbacher" geschrieben habe. Tantiemen für die Geschichte der berühmtesten Hure der deutschen Literatur gab es trotzdem keine. Der Urheberrechtsschutz, entschied das Gericht, sei bereits 1956 abgelaufen.

Lea Wyler war Schauspielerin, ehe sie nach dem frühen Tod ihrer Mutter und einer Reise durch Indien und Nepal 1980 beschloss, ihrem Leben einen neuen Sinn zu geben und wo nötig humanitäre Hilfe zu leisten. Anstoß dazu war ihre Konfrontation mit der großen Armut, dem Hunger der Kinder und der Not der Mütter in Nepal, Indien und Tibet. „Die beste Art, dir selber zu helfen, ist es, in der Hilfe für andere aufzugehen", hatte ihr der Arzt und Meditationsmeister Akong Tulku Rinpoche mit auf den Weg gegeben.

In ihrer Heimatstadt Zürich gründete sie den Verein „Rokpa International", dessen Motto lautet: „Helfen, wo Hilfe gebraucht wird." Mit rund 150 Projekten unterstützt der Verein Menschen in Not, unabhängig von ihrem religiösen, politischen oder kulturellen Hintergrund. Aus Lea Wyler wurde „Mummy Lea", die in Nepal ein Heim für Straßenkinder gründete, Frauenprojekte initiierte und 1990 eine Gassenküche in Kathmandu ins Leben rief, die in der Winterzeit täglich 800 Mahlzeiten ausgibt.

In Tibet baute sie mit Akong Rinpoche Schulen, Waisenhäuser und Kliniken, kümmert sich um medizinische Ausbildungsprojekte, lässt ein auf über 5.000 Metern gelegenes Frauenkloster instand setzen oder unterstützt Aufforstungsprojekte im tibetischen Hochland. Der Schwerpunkt der Rokpa-Aktivitäten liegt in der Ausbildung, mit der die Lebensbedingungen von Buben und Mädchen in Nepal und Tibet verbessert werden sollen. Als Prinzip gilt: Hilfe zur Selbsthilfe. Seit 1992 werden mit vielen freiwilligen Mitarbeitern auch in Simbabwe und in Südafrika Straßen- und Waisenkinder, HIV-infizierte Mütter sowie Familien mit behinderten Kindern unterstützt.

Seit der Gründung des Hilfswerks im Jahr 1980 wurden durch Rokpa Zehntausende Kinder ausgebildet, Hunderttausende Menschen medizinisch betreut und mehr als eine Million Notleidende mit Essen versorgt.

Geprägt hatte Lea Wyler auch ihr Vater Veit Wyler, der im Zweiten Weltkrieg als Anwalt vielen Flüchtlingen aus den Kriegsgebieten die Einreise in die Schweiz ermöglichte, Gelder sammelte und Pässe organisierte, damit die Verfolgten in sichere Länder weiterreisen konnten. Die Maxime seines Handelns war: „An einem Ort, wo kein Mensch ist, versuche Du, Mensch zu sein."

www.rokpa.ch

ARTHUR SCHNITZLER
DER WIENER EROTIKER

Wie der zwei Jahre ältere Anton Tschechow war Arthur Schnitzler Arzt und profitierte von seinem Beruf für das Schreiben: Schnitzler aber erforschte nicht so sehr das naturalistische Milieu eines Henrik Ibsen oder Gerhart Hauptmann. Er begab sich vielmehr ins weite Land der Seele – wie der Zeitgenosse Sigmund Freud auf seiner Couch: analytisch, sezierend, ganz auf die Nerven fixiert.

Freud und Schnitzler machen zur gleichen Zeit die gleichen Entdeckungen. Der eine schreibt über das von ihm aufgebaute und weltverändernde System der Psychoanalyse und sieht den anderen, Autor von Erzählungen und Theaterstücken, als Geistesvertrauten: „Im Grunde Ihres Wesens sind Sie ein psychologischer Tiefenforscher, so ehrlich unparteiisch und unerschrocken wie nur je einer war."

Schon dessen Bühnen-Erstling mit den mild-ironischen und wehmütig-geistreichen Szenen des „Anatol"-Zyklus thematisiert die Liebe, das Spiel, den Tod. Nach der Natürlichkeit der „süßen Mädel" sehnt sich der „Hypochonder der Liebe" und melancholische Dandy Anatol.

„Es gibt wohl wenig Autoren, die von Erotik, von den Abgründen der Erotik so viel verstanden haben wie Schnitzler. Das ist ja das Wundersame, dass ein Arzt an sich die Sex-Manie konstatiert", sagt der Kabarettist, Regisseur und Autor Werner Schneyder. „Fraglos war er auf diesem Gebiet extrem, und er war in der Lage, das zu analysieren. Ich finde es faszinierend, dass ein Mensch in seinen Theaterstücken auf seinen Typus losgeht, und auch dessen Komik, dessen Lächerlichkeit, durchaus darstellt."

Schnitzler sucht ein Leben lang nach den hinter der Fassade verborgenen Wirklichkeiten. Und will „ein Dichter für Schwindelfreie" sein. Das lyrische Schauspiel „Liebelei" und seine Schilderung einer Liebe, in der ein Partner sich ganz hingibt und der andere darin nur einen Zeitvertreib sieht, hat der Kritiker Hans Weigel als einen „Todestanz im Dreivierteltakt" bezeichnet. Es ist die vielleicht stillste und zarteste Romanze des modernen deutschen Theaters und drückt das Lebensgefühl einer ganzen Generation aus.

Und Schnitzler rührt an Tabus, greift oft mit bissiger Satire die Verhältnisse seiner Zeit an, vor allem die Scheinheiligkeit einer bürgerlichen Moral, die in Wirklichkeit gar nicht mehr gelebt wurde. So ist das bürgerliche Publikum der Jahrhundertwende schockiert über das offene Plädoyer für eine sexuelle Emanzipation. Während sich Schnitzler aus eigener Erfahrung bestens auskennt mit den kleinen Lügen und Betrügereien, den Herzensschlampereien, die allzu leicht mit Liebe verwechselt werden.

In seinen Stücken gehe es zu wie im Bordell, wirft ihm ein Kritiker nach Erscheinen der „Liebelei" vor. Es ist die Zeit, in der die kaiserliche Hofschauspielerin Stella Hohenfels und verheiratete Baronin Berger die Rolle der Christine in Schnitzlers „Liebelei“ ablehnt, weil das unverheiratete Mädchen Christine einen Liebhaber hat.

„Kein Gespenst überfällt uns in vielfältigeren Verkleidungen als die Einsamkeit, und eine ihrer undurchschaubarsten Masken heißt Liebe.“ Ein Satz des Wiener Fin-de-Siècle-Chronisten Schnitzler aus seinem Buch der Aphorismen. Seine Helden spüren ihre Einsamkeit nirgendwo schmerzhafter als im Bett der Geliebten. So wenden sie sich rasch von ihr ab, um das Glück bei der nächsten zu suchen. Doch die Liebe bleibt ihnen versagt. Und jeder neue Reiz verwandelt sich in Gereiztheit.

Wie er aus ureigener Erfahrung weiß. Denn penibel führt der Dichter Buch über seine sexuellen Kontakte mit süßen Mädeln, willigen Ehefrauen, Schauspielerinnen und anderen Gelegenheitsbekanntschaften: 1887 hat er 208 Mal Sex, 1888 bereits 400 Mal, 1889 sogar 593 Mal, 1890 nur 181 Mal, 1891 wieder 321 Mal und 1892 mehr als 400 Mal. Dann führt er keine Statistik mehr.

„Ich habe Sie gemieden aus einer Art Doppelgängerscheu“, schreibt Freud zu Schnitzlers 60. Geburtstag. „Ihr Ergriffensein von den Wahrheiten des Unbewußten, von der Triebnatur des Menschen, Ihre Zersetzung der kulturell-konventionellen Sicherheiten, das Haften Ihrer Gedanken an der Polarität Liebe und Sterben, das alles berührt mich mit einer unheimlichen Vertrautheit … So habe ich den Eindruck gewonnen, dass Sie durch Intuition – eigentlich aber in Folge feiner Selbstwahrnehmung – alles das wissen, was ich in mühseliger Arbeit an anderen Menschen aufgedeckt habe.“

Und der Dichter will keiner sein. „Ich bin erstens, zweitens, drittens ein Arzt“, gestand Schnitzler dem Wiener Journalisten Richard A. Bermann alias Arnold Höllriegel. „Ich fühle mich vielmehr als Arzt denn als Schriftsteller: Meine Werke sind lauter Diagnosen.“

Spät aber doch treffen die Geistesverwandten einander: Zum ersten Mal am 16. Juni 1922 ist Schnitzler bei Freud in der Berggasse 19 zum Abendessen eingeladen. Zu diesem Zeitpunkt ist Freud bereits 66 und Schnitzler 60 Jahre alt. „Er war sehr herzlich“, notiert Schnitzler im Tagebuch. Spätabends begleitet der Gastgeber den Schriftsteller zur Fuß bis in die Sternwartestraße. „Das Gespräch wird wärmer und persönlicher.“ Über die Jugend, das Altern und das Sterben sprechen die Herren.

Nur wenige weitere Treffen folgen. Auch der Briefwechsel ist eher karg und unregelmäßig. Freud schreibt zwischen 1906 und 1931 insgesamt zehn Briefe an Schnitzler. Die Briefe von Schnitzler an den Seelenforscher sind verloren gegangen, vermutlich weil Freud immer wieder Unterlagen vernichtete. Im Frühjahr 1926 besucht Schnitzler den krebskranken Freud im Cottage-Sanatorium, kurz nachdem seine „Traumnovelle“ in der Zeitschrift „Die Dame“ erschienen war. Zum letzten Mal sehen sich die beiden am 27. Dezember 1926 zufällig in Berlin.

Schnitzler hat sich intensiv mit Freuds Traumanalyse auseinandergesetzt – und selbst seine Träume notiert. Immer wieder träumt er vom Tod: „Heute Nacht ein entsetzlicher Traum; ich komme zu spät zu meinem Begräbnis …“ Er hat Angst, sich in den Sarg zu legen, doch die Mutter redet ihm gut zu. Oft muss er auch zu seiner eigenen Hinrichtung gehen.

Am 25. Mai 1913 träumt er, nach einem hefigen Streit mit seiner Frau Olga, von einem tollwütigen Hund gebissen worden zu sein und sich deshalb erschießen zu wollen. „In der Zeitung wird stehen: ‚Wie ein Größerer (Raimund) vor ihm‘, was mich ärgert.“ Und in just derselben Nacht erschießt sich tatsächlich der als Spion enttarnte Oberst Alfred Redl im Hotel Klomser in der Herrengasse 19, wo Schnitzer wie auch bei Meißl & Schadn am Neuen Markt mitunter einkehrte, um einen Theaterbesuch mit einem Essen ausklingen zu lassen.

Hermann Bahr erinnert sich nach Jahrzehnten noch an den

Freund, als der – ein junger Arzt ohne Patienten – noch auf „Froufrou von Frauen“ aus war: „Du warst mir unausstehlich vor allem durch dein unwiderstehliches Talent.“ Als sie „in Stirnlocken“ wetteiferten: „Du mit einer blonden, die sich elegischer gab, ich mit einer braunen, südlich wehenden. Die Leute konnten sich nicht einigen, wer von uns mehr posierte, und ich darf annehmen, dass ich Dir damals nicht weniger unausstehlich war als Du mir.“

Die Zeitgenossen schätzen an Schnitzler das Geistreiche, sodass sein Name auf einer Theateraffiche immer Erwartungen treffsicherer Charakteristik und Ernst im Vergnügen weckt. Sie schätzen seine Begabung, in einfachen Sätzen Unsagbares mitschwingen zu lassen, Zwischentöne der Seele, Unterstimmen des Bewusstseins frei zu machen, psychologische Konflikte mit einer Sensibilität, die sich zuvor weder anrühren noch gestalten ließ, anzurühren und zu gestalten.

Und Bahr hört aus dem Werk des Seelenmalers und Dichters der Resignation, des Scheiterns und der großen Vergeblichkeit immer wieder die rührende, erschütternde Klage nicht nach einem verlorenen Paradies, sondern darüber, gar kein Paradies zu verlieren gehabt zu haben: „Dass Deine Gestalten nicht Entwurzelte sind, sondern wurzellos von vornherein.“ Lieben und daran zweifeln, dass es so etwas gibt wie eine gesicherte Wirklichkeit, zeichnet Schnitzlers Werk aus. Wie er unter anderem in seiner „Traumnovelle“ zeigt, ist er sich sicher, dass es im Leben nur Unsicherheiten geben kann.

Als Arthur Schnitzler 1910 ins Währinger Cottage zieht, sind seine Freunde schon da. Felix Salten hat sich im Jahr davor in der Cottagegasse 37 eingemietet. Richard Beer-Hofmann hat sich von Josef Hoffmann an der Ecke Hasenauerstraße 59 / Meridianplatz eine Villa bauen lassen.

In einem Brief an seine Frau Olga berichtet Schnitzler einmal von einem wenig anregenden Theaterbesuch in den Münchner

Kammerspielen: „Dass sie es nicht begreifen, ob ‚Faust' oder ‚Das Weiße Rössl' – ohne Glanz geht's nicht." Das ist es. Ein gewisser Glanz ist essenziell. In der Kunst und im Leben. Falls es dabei überhaupt einen Unterschied gibt. Und so darf auch der Glanz bei der Selbstinszenierung nicht fehlen.

Dazu kommt ein Quäntchen Glück und, wie so oft im Leben, der Zufall. Olga Schnitzler hatte Schauspielunterricht beim Burgschauspieler Alexander Römpler. Nach seinem Tod am 18. Dezember 1909 will dessen Frau – die große Burgschauspielerin Hedwig Bleibtreu, auf der Bühne auch Schnitzler-Interpretin – nicht mehr in der gemeinsamen Villa in der Sternwartestraße 71 bleiben:

Schnitzler besichtigt mit seiner Frau am 26. März 1910 „das Haus Römpler-Bleibtreu" und schreibt im Tagebuch: „Es überraschte mich aufs angenehmste, und der Gedanke des Kaufs wird lebhaft erwogen." Am Ostermontag, nach der nächsten Besichtigung der Villa mit dem Bruder Julius und seiner Frau Helene, die im Ärzteviertel in der Schwarzspanierstraße 6 wohnen, und noch einer mit seinem Freund Richard Beer-Hofmann, wird bereits am 7. April 1910 im Haus in der Sternwartestraße der Kaufvertrag unterzeichnet. Die Bleibtreu wohnt alsbald in der Hochschulstraße 25 (heute Gregor-Mendel-Straße 41).

Den Dichter kostet sein neues Zuhause 95.000 Kronen. Die eine Hälfte muss er sich privat von seinem Bruder leihen, die andere Hälfte finanziert er über einen Hypothekarkredit der Sparkasse. Und an

Beer-Hofmann schreibt er am 23. Juli 1910 kurz nach der Übersiedelung von der Spöttelgasse, die heute Edmund-Weiß-Gasse heißt, auf die andere Seite des Türkenschanzparks: „Wir freuen uns des neuen Heims."

Während der turbulenten Zeit des Wohnungswechsels ist Schnitzler mit Problemen der Aufführung des „Jungen Medardus" beschäftigt und arbeitet intensiv an „Das weite Land", beides Uraufführungen am Burgtheater. Die räumliche Veränderung ändert nichts an der familiären Situation: Er lebt mit einer im Grunde ständig unzufriedenen und unverträglichen Frau unter einem Dach, die permanente Unruhe in sein Leben bringt. Olga, die er 1903 geheiratet hatte, hat zwar viele Qualitäten, vor allem mit ihrer Intelligenz beeindruckt sie Schnitzler immer wieder. Eine andauernde Ehekrise wird dennoch sein ständiger Begleiter.

Olga ist die Mutter seines 1902 geborenen Sohnes Heinrich, lebenslang „Heini" genannt, und seiner über alles geliebten, 1909 geborenen Tochter Lili. Schnitzler kommt schon früh während seiner immerhin 18 Jahre dauernden Ehe zur Erkenntnis: „Man hätte einander lieber nicht finden sollen." Im Sommer 1910 stellt er mit einem Unterton der Resignation fest: „Es fängt nicht gut im neuen Haus an." Drei Jahre später wird erstmals von Scheidung gesprochen. 1921 wird sie diskret in München vollzogen, um den Klatsch in Wien zu vermeiden.

Es ist die Zeit der „Reigen“-Skandale in Berlin und Wien: 20 Jahre nach der Entstehung wagt sich Schnitzler mit seiner Szenenfolge verketteter erotischer Begegnungen, zehn Dialogen zwischen Paaren unmittelbar vor und nach dem Sex-Akt, quer durch die sozialen Schichten, an die Öffentlichkeit. Immer wieder sind alle auf der Suche nach der großen Liebe, weil man „halt weniger allein ist, wenn einen jemand wirklich kennen tät.“ Es wird der größte Theaterskandal im deutschsprachigen Raum des 20. Jahrhunderts.

Wirklich glücklich scheint Schnitzler nur an einem Ort gewesen zu sein: in der Natur. Bei Spaziergängen, Wanderungen und Landpartien. Hohe Warte, Neuwaldegg, Pötzleinsdorf, Sievering, Salmannsdorf, Grinzing erkundet er mit dem Bicycle oder zu Fuß. Aber auch den Dreimarkstein, Krapfenwald, Hameau oder, auf der anderen Seite der Stadt, Hütteldorf, Hietzing, den Schönbrunner Schlosspark, Hetzendorf, Lainz.

Er registriert Veränderungen in der Gegend des gerade erst erweiterten und zum Teil mit Bäumen und Sträuchern neu bepflanzten Türkenschanzparks. Nach der ersten Nacht im neuen Domizil erwacht Schnitzler früh am Morgen und blickt hinüber „auf das weiße, noch nicht bewohnte Haus Schmutzers“, das – entworfen vom Architekten Robert Oerley – erst 1911 von der Familie des Malers und Radierers Ferdinand Schmutzer bezogen wurde.

Die Nachbarschaft führt auch zur künstlerischen Zusammenarbeit: Schmutzer illustriert später Schnitzlers Novellen „Die Hirtenflöte“ und „Der blinde Geronimo und sein Bruder“ und gestaltet erst nach selbst angefertigten Fotografien, die erst nach fast 100 Jahren zufällig wieder aufgefunden wurden, eine PorträtRadierung des erfolgreichen Dichters.

„Das weite Land“ war 1911, ein Jahr vor seinem 50. Geburtstag, Schnitzlers größter Theatererfolg. Die Tragikomödie um den Wiener Fabrikanten Friedrich Hofreiter, der zwar selbst notorischer Ehebrecher ist, die Untreue seiner Frau Genia allerdings nicht verzeihen kann, hatte am selben Tag an neun großen Bühnen, von Wien über Hamburg, München, Prag bis Berlin, Premiere, und es ist – anders als die Historienschauspiele, die Schnitzler selbst für seine anspruchsvollsten hielt – in der Wirkung bis heute nicht verblasst.

Der Selbstmord seiner über alles geliebten Tochter Lili 1928 in Venedig bald nach ihrer Heirat mit einem italienischen Offizier ist die große Katastrophe in Schnitzlers späten Jahren: „Mit jenem Julitag war mein Leben doch zu Ende. Die andern wissens nicht – und manchmal ich selber auch nicht."

Die letzten Fotos zeigen einen schon sehr alten Mann in seinem Haus. Sohn Heini fotografiert seinen Vater im Frühsommer, am 25. Juni 1931, mit Elisabeth Bergner im Garten – die schöne, junge Dame neben dem lächelnden alten Herren, der ihr größter Fan und „Bewunderer" ist. Sie nennt ihn „Herr Doktor", er sie „liebes und verehrtes Fräulein".

Sie ist für ihn das ideale „Fräulein Else". Und er für sie einer der wichtigsten Menschen in Wien: „Ich liebte es, ihn in seinem Haus in der Sternwartestraße zu besuchen, wenn ich in Wien war, während eines Gastspiels. Wir saßen dann meistens im Garten", schreibt die Bergner in ihrer Autobiografie „Viel bewundert, viel bescholten. Unordentliche Erinnerungen". Rainer Maria Rilke pflanzte kurz vor seinem Tod ein Kirschenbäumchen für sie in seinen Garten, nachdem er ihr eine Nacht lang Gedichte vorgelesen hatte.

Star-Kritiker Alfred Polgar prophezeit schon 1918: „Es wetterleuchtet von Zukunft um diese Elisabeth." Schnitzler und die Bergner schenken einander außergewöhnliche Gewächse: Sie lässt ihm japanische Sträucher und Palmen zukommen und er ihr Chrysanthemen und Azaleen.

Er prophezeit für sich selber eine Schnitzler-Renaissance: für 1962. Am 20. Oktober 1931 sagt Schnitzler, zeitlebens eine Mischung aus Arzt und Hypochonder, seit 30 Jahren verfolgt von Gedanken ans Altwerden und Sterben, in beinahe heiterer Stimmung zu seiner Freundin Clara Katharina Pollaczek: „Das Leben ist doch schön und interessant, ich möchte um der schönen Stunden willen gleich noch einmal leben." Am nächsten Tag findet sie ihn bewusstlos in seinem Arbeitszimmer und hält „seinen Kopf in ihren Händen bis zu seinem letzten Atemzug".

Dichter seien „geborene Verbrecher, nur ohne die nötige Courage": Diese Worte hat Schnitzler dem Großindustriellen Hofreiter in den Mund gelegt, der sich über einen lästigen Tragödienschreiber lustig macht. Traum, Wirklichkeit, Liebe und Liebessehnsucht, Betrug und Tod. Das waren Schnitzlers Themen.

Eine Antwort, was am Ende zu tun sei, gibt er in der „Traumnovelle": dem Schicksal dankbar sein. Dass wir aus all den Abenteuern heil davongekommen sind. Aus den wirklichen und aus den geträumten ... Aber: „Manchmal schmeckt die Havannazigarre besser als die tiefe Weisheit", spottet er auch an anderer Stelle.

MICHAEL SCHNITZLER

MISTER REGENWALD

Auf einmal ist man da. Mitten im Dschungel. Von Costa Ricas Hauptstadt San José geht es auf der Interamericana, der amerikanischen Transit-Route von Alaska bis Feuerland, Richtung Panama. 300 Kilometer südlich von San José eine Abzweigung. Hinter dem Dorf La Gamba rückt der Regenwald näher. Wir sind in der Esquinas Rainforest Lodge gelandet.

Ohne Fernsehen, ohne Radio, ohne Handy, ohne Zeitung, ohne Zivilisationsberieselung löst sich die Zeit auf. Verliert sich der Raum. Sollte dies das Ende der Welt sein, gibt es nicht einmal einen Orientierungspunkt, an dem man sagen könnte, wo genau es beginnt, das Ende der Welt.

Aber der tropische, immergrüne nasse Urwald ist laut und voll Leben, wenn die Brüllaffen schreien, die Tukane jammern und die Papageien streiten – nachts fast noch mehr als am Tag. Zumindest fällt es dann mehr auf.

Michael Schnitzler hatte „ein sehr erfülltes, erfolgreiches und schönes Leben als Musiker" und engagiert sich seit einer halben Ewigkeit als Regenwaldretter. Er ist ein Mann im Widerstand und gegen das Zeitalter des Verschwindens, das geprägt ist von Klimawandel, Artensterben und Vernichtung natürlicher Ressourcen.

Der Enkel von Arthur Schnitzler und Sohn des Regisseurs Heinrich Schnitzler war mit knapp zwanzig erster Konzertmeister der Wiener Symphoniker. Als Geiger des Wiener Haydn-Trios hatte er mehr als 3.000 Auftritte auf allen Kontinenten. Durch seinen Einsatz als Umweltaktivist entstand die Esquinas Rain-

forest Lodge und der „Regenwald der Österreicher“ im Süden von Costa Rica nahe Golfito.

Nach der Gründung des Vereins wurde mit Spenden Quadratmeter für Quadratmeter des bedrohten Esquinas-Regenwalds aufgekauft, um ihn in den damit stetig wachsenden Piedras-Blancas-Nationalpark einzugliedern und so vor der Abholzung zu bewahren.

Der Bosque Esquinas – mit etwa 140 Quadratkilometern eineinhalb Mal so groß wie der Nationalpark Donau-Auen – ist neben dem Corcovado der letzte noch erhaltene Tieflandregenwald an der Pazifikküste Mittelamerikas und gehört aufgrund seiner geografischen, klimatischen und erdgeschichtlichen Gegebenheiten mit rund 3.000 Pflanzenarten zu den artenreichsten und biologisch interessantesten Wäldern der Erde.

Hier leben 143 Säugetierarten – vom Ameisenbär bis zum Jaguar. Auf einem Hektar, ergaben Untersuchungen, konnten bis zu 180 verschiedene Baumarten identifiziert werden, in der ganzen Region sind es 600. Zum Vergleich: In Mitteleuropa gibt es gerade einmal 50 Arten.

Die große Leidenschaft des Initiators Schnitzler, Jahrgang 1944, waren immer schon Naturreisen. Er trekkte in Peru, Kanada und Ladakh, bestieg den Kilimandscharo und den Cotopaxi in Ecuador, unternahm Safaris in Afrika, tauchte im Roten Meer, im Indischen Ozean und in der Karibik und durchfuhr mit einem Floß den Grand Canyon. Fernreisen führten ihn zu den Galapagos-Inseln, in die Antarktis, nach Alaska und Grönland und in mehrere tropische Länder, wo er seine Liebe zu den Regenwäldern entdeckte.

In Costa Rica lebt er seit Anfang der 1990er-Jahre auf der Playa Cacao: „Gegenüber vom Ort Golfito und nur mit dem Boot erreichbar. Es ist eine ganz einfache Hütte mit offenen Fenstern und einem Dach aus Palmenblättern. 1993 haben wir Strom einleiten lassen und genießen seitdem den Luxus eines Kühlschranks."

Der Regenwald ist gleich nebenan. Die tropischen Obstbäume und Pflanzen ziehen alle möglichen Tiere an: Papageien, Affen, Nasenbären, Waschbären, Tukane … Eine Affenfamilie lebt auf Schnitzlers Grundstück und weckt ihn jeden Tag mit ihrem Gebrüll. Eine Boa constrictor wohnte eine Zeit lang im Dach, Fledermäuse hängen tagsüber an der Wand, es gibt Geckos, große Leguane, riesige Schmetterlinge und Falter, manchmal Giftschlangen und Skorpione. Schnitzler: „Aber wenn man keine Angst hat, ist es das reinste Paradies!"

Dem Musiker ist es immer schwerer gefallen, zuzusehen, wie die riesigen Urwaldbäume abtransportiert wurden. Und er erkannte: Um den Golfo Dulce hatte der Staat Costa Rica zwar zwei Naturparks errichtet, aber es bestand die Gefahr, dass Privatbesitzer wertvolle Regenwälder abholzen. Besonders im Nationalpark Piedras Blancas drohten die Grundbesitzer mit Schlägerungen in großem Stil.

„Der Wald wurde wohl meine Lebensaufgabe", sagt Schnitzler, der sich erfolgreich dafür eingesetzt hat, dass der Regenwald des Naturschutzgebietes Piedras Blancas nicht nur gerettet wurde, sondern durch Wiederbewaldungsprojekte vergrößert werden konnte.

Zuletzt ging es darum, die noch bestehenden Wälder außerhalb des Nationalparks durch einen biologischen Korridor zu verbinden, entweder durch deren Aufkauf oder durch Wiederbewaldung von Weideland. Zwei Grundstücke wurden mit 7.500 und mit 11.000 Bäumen bepflanzt.

Forschung und Regionalentwicklung gehören zum Schutzprojekt: Seit 1993 widmet sich die Tropenstation La Gamba der wissenschaftlichen Erforschung des Regenwaldes. Es ist der am weitesten entfernte Außenposten der Universität Wien.

Wenn Schnitzler in Costa Rica ist, spielt sein Leben als Musiker nur die zweite Geige: „Ich trenne meine zwei Berufe sehr streng voneinander und mache dort keine Musik. Einmal habe ich auf Tournee bei einem Musikfest in San José konzertiert." Und einmal nahm er sein Instrument in den Dschungel mit, um gelegentlich für einen bevorstehenden Auftritt bei den Salzburger Festspielen üben zu können: „Aber als ich mein Instrument nach zehn Tagen ausgepackt hatte, war es durch die extreme Feuchtigkeit in den Tropen vollkommen aus dem Leim gegangen. Die Einzelteile musste dann später in Wien ein Geigenbauer wieder zusammenkleben."

„Mister Regenwald" kann sich sein Leben ohne seine Naturschutz-Projekte in Costa Rica schon lange nicht mehr vorstellen: „Sie sind wie meine eigenen Kinder. Alles, was ich da mache, zusammen mit dem Schutz der Artenvielfalt, sehe ich für mich persönlich als wichtiger als alles, was ich in 40 Jahren als Musiker gemacht habe." Es gäbe zu viele Leute, die sich einfach nur beklagen und jammern: „Furchtbar, in 50 Jahren gibt es keine Wälder mehr." Aber immer nur zu reden würde nichts helfen.

Als Konrad-Lorenz-Staatspreisträger des Jahres 1995 wurde Schnitzler zu Symposien über den Regenwald und Umweltschutz eingeladen. Aber er geht nicht mehr hin, weil er gesehen hat, dass die Leute nur reden und nichts tun. „Ich bin eher einer, der anpackt. Und ich mache, was ich kann, und das ist relativ viel gewesen. Es war sehr viel Arbeit. Aber ich bin sehr überzeugt davon."

Daheim in Wien lebt „Don Miguel" in der Sternwartestraße 58. Nur einen Steinwurf entfernt vom Haus seines Großvaters, wo die Musiktradition in der Familie Schnitzler ihren Ursprung hatte. „Auch mein Vater spielte sehr gut Klavier", erinnert sich Michael Schnitzler. „Und es ist kaum bekannt, dass auch Arthur Schnitzler ein hervorragender Pianist war. Er musizierte viele Jahre lang vierhändig, zuerst mit seiner Mutter und dann mit seinem Sohn."

Oft spielte er mit seiner Mutter vierhändig Mahlers Zweite Symphonie und schrieb am 3. Jänner 1905 in sein Tagebuch: „Halte Mahler für den größten jetzt lebenden Komponisten." Als er das Werk am 23. November 1907 live im Konzertsaal hörte, schrieb er: „Mahler ist für mich eine der merkwürdigsten, reichsten Persönlichkeiten, die ihr Wesen durch die Musik ausdrücken (im Gegensatz zu Bruckner, der einfach wunderbare Musik von sich gibt), ergreifend, fesselnd, mitteilsam, selbstbiographisch im höchsten Grad."

Michael Schnitzler: „Wir haben noch Noten zu Hause mit pedantischen Eintragungen meines Großvater, welches Werk er mit wem an welchem Tag gespielt hat. Und es ist erstaunlich zu sehen, dass er schon zu Mahlers Lebzeiten vierhändig Mahlers Symphonien gespielt hat. Dazu musste man pianistisch schon sehr gut sein. Außerdem war das extrem moderne Musik damals. Aber er hat das alles gespielt. So hat mein Vater die ganze Musik gekannt und ich dann auch."

Michael Schnitzler, 1944 in Berkeley in der Emigration geboren, begann mit sechs Jahren Geige zu lernen. Auch seine Mutter – Lilly Schnitzler – hat Geige und Bratsche gespielt. „Sie hat mich zu den Kammermusik-Proben mit dem Amateurorchester immer mitgenommen. Mit zwölf Jahren habe ich meine erste Beethoven-Symphonie gespielt und war ganz selig. Ich war nicht der baseballspielende Schuljunge aus Kalifornien, sondern eigentlich ein deplatzierter Österreicher, der in Kalifornien seine Jugend verbracht hat. Für mich war es kein Problem, mitten in der Pubertät 1959 nach Wien zu ziehen. Ich war glücklich darüber, dass ich hier plötzlich so viele Konzerte und Opern hören konnte."

Der Vater, der vor dem Krieg Schauspieler und Regisseur am Volkstheater war und dann in Amerika auf Universitäten Amateurtheater unterrichtet hatte, „wollte nach Gastregien und Angeboten vom Theater in der Josefstadt wieder ganz zurück nach Österreich ins Berufstheater mit großartigen Schauspielern und dem Wiener Publikum. Meine Mutter nicht unbedingt. Sie hatte in Amerika als Krankenschwester gearbeitet, hatte viele Freunde und die Musik. Aber schließlich ist sie natürlich mitgegangen."

„Da kann ma halt nix machen." Der Satz hat in Wien immer Saison. „Was soll ma do allein schon ausrichten." Schon Michael Schnitzlers Großvater kannte die „Kennworte des Wieners: Wie komm denn i dazu? Es zahlt sich ja net aus! Tun S' Ihnen nix an!" Aber der Konzertgeiger und Violin-Professor hat als Naturschützer gezeigt, dass auch eine einzelne Person Berge versetzen kann. Dass Träume wahr werden können.

www.regenwald.at

www.lagamba.at

www.esquinaslodge.com

FERDINAND SCHMUTZER
DER MENSCHENSAMMLER

Das Staunen konnte größer nicht sein. Albert Einstein sieht uns jugendlich-heiter an, als wäre er gerade erst bei der Tür hereingekommen. Arthur Schnitzler hingegen wirkt ernst und mürrisch, als hätte ihm ein süßes Wiener Mädel einen Korb gegeben. Felix Salten lächelt süffisant. Und Sigmund Freud hat den durchdringenden Blick des Psychoanalytikers, der den Beobachter nicht mehr loslässt.

Als die bis dahin unbekannten Aufnahmen sehr bekannter Persönlichkeiten aus dem Wien um 1900 ein Jahrhundert später plötzlich auftauchten, sprachen sogar Historiker, die sonst für Superlative wenig empfänglich sind, von einer Sensation.

Wie kam es, dass der Schatz erst 2001 entdeckt wurde? „Eines Tages sollte ich eine alte hölzerne Kamera reparieren, Baujahr um 1890", sagte der Leica-Händler und Gründer der Fotogalerie „WestLicht" Peter Coeln in der Wiener Westbahnstraße 40. „Ich wollte wissen: Warum? Und als der Besitzer sagte: ‚Mein Großvater hat mit der Kamera viele berühmte Leute fotografiert', wurde ich hellhörig."

Der Designer Matthias Peschke zeigte ihm schließlich 300 Vintage-Prints und einen Kasten, in dem viele Jahre unbeachtet rund 3.000 Glasplattennegative in den Negativformaten von 6 x 9 bis 18 x 24 Zentimeter aufbewahrt waren: „Ich bin damit aufgewachsen, wusste immer davon, weil ich noch im Haus meiner Großeltern wohne, habe dem aber nie viel Bedeutung beigemessen", sagte der gelernte Designer. „Die Sachen waren ziemlich verräumt und haben wohl deshalb die Zeiten über Generationen hinweg auch den Weltkrieg heil überstanden."

Die Adresse der Großeltern: Sternwartestraße 62–64 / Gregor-Mendel-Straße 211 (bis 1934 Hochschulstraße). Der Weg zur vom Architekten Robert Oerley im neuen Heimatstil erbauten Villa führt durch ein barockes Eingangsgitter über eine doppelläufige Treppe, die einen Vorgarten ersetzt. Die Gartenseite zeigt in ihrer Architektur hingegen Anklänge an den Klassizismus.

Vom ursprünglichen Pflanzenbestand erhalten sind, neben einer Kastanie im oberen Bereich, Rosensträucher rechts an der Villenfront, Glyzinien und ein Magnolienbaum, der in den 30er-Jahren zu Ehren der Verlobung des Sohnes Johannes Schmutzer gepflanzt wurde. Früher standen im Garten vor allem Obstbäume – Spalierobst mit großen saftigen Äpfeln. Durch die Kriegsereignisse, die Einquartierungen und die schwierige Nachkriegssituation gingen jedoch viele dieser Bäume nach und nach verloren.

Immer noch vorhanden, allerdings nicht mehr in Betrieb, ist ein unterirdisch angelegtes Wasserleitungssystem zur Bewässerung des „grünen Zimmers" der Besitzer. Das zeigt auch die Zimmeranordnung im Haus. Die prominentesten Räume sind zum Garten hin orientiert: Im Hochparterre grenzten das Wohnzimmer mit Veranda, der zentral gelegene Salon mit Ausgang auf die Hausterrasse und das Speisezimmer mit Erker an den Garten. Im ersten Stock lagen die Arbeitsräume – das Kleine Atelier, das Holländische Interieur und das Depot – Richtung Garten.

Ferdinand Schmutzer (1870–1928), anerkannter Radierer und Kupferstecher, entstammte einer traditionsreichen Wiener Künstlerdynastie und war vor allem als Porträtist beliebt und geschätzt. Sein Urgroßvater Jacob Matthäus Schmutzer gründete die k. k. Kupferstichakademie. Sein Großvater und sein Vater waren Bildhauer, die vor allem Tierskulpturen produzierten.

Ferdinand Schmutzer und seine Frau Alice – Tochter des Industriellen Theodor Schnabel – gehörten zum Bild der Stadt, in der sie wohnten, mit deren Prominenten sie bekannt und befreundet waren. Ihr Haus war ein Treffpunkt des kulturellen Wien, in dem unter anderen Arthur Schnitzler, Felix Salten, Stefan Zweig und Hermann Broch verkehrten. Schmutzer bekam Aufträge vom Adel, von großbürgerlichen Finanzleuten und Industriellen, aber auch von Wissenschaftlern und Künstlern.

Der Menschensammler hat eine große Galerie hinterlassen – ein Stück Geschichte in Gesichtern, die ihre Zeit mitgestaltet haben. So porträtierte er neben Karl Lueger und Jahrzehnte später Karl Seitz, zwei so unterschiedliche Wiener Bürgermeister, außerdem unter anderen Erzherzog Franz Ferdinand, Kaiser Karl, den Komponisten Karl Goldmark, den Geiger Fritz Kreisler, den Klavierpädagogen Theodor Leschetizky, den Burgschauspieler Josef Kainz und den Sänger Leo Slezak.

Alle kamen sie in die Sternwartestraße, in die die Familie Schmutzer 1909 gezogen war. Aber dass der Grafiker in den 1910er- und 1920er-Jahren sozusagen für den „Hausgebrauch“ auch zum Fotoapparat griff, um berühmte Zeitgenossen abzulichten, blieb lange sein Geheimnis. Denn zum Herzeigen oder gar zur Veröffentlichung waren seine Lichtbilder nie gedacht. Sie dienten ihm lediglich als Arbeitsunterlage. Dabei war der gefrag-

teste Bildnisradierer Wiens auch ein begabter Fotograf, der über eine hervorragende Licht- und Schattentechnik und künstlerische Sensibilität verfügte.

Bereits das um 1899 geschaffene Porträt des damals bereits hochbetagten Aquarellmalers Rudolf von Alt war eine Meisterleistung der fotografischen Bildgestaltung. Und die danach angefertigte Radierung erregte bei einer Ausstellung in der Wiener Secession großes Aufsehen.

Der Physiker Albert Einstein, der erste Popstar der Wissenschaft und der erste Forscher, der weltweit Kultstatus erlangt hat, blickt dem Betrachter mit ebenso heiterer Gelassenheit entgegen wie der Komponist Richard Strauss. Den deutschen Kaiser Wilhelm II. stellt Schmutzer mit Pathos und steifer Würde dar. Bürgermeister Karl Lueger soll auf sein Porträt kritisch reagiert haben: „Finden Sie nicht, daß er mich wie einen alten Holländer g'macht hat? Gar so dunkel bin ich da drauf!"

Wenige sind imstande, ihren Mitmenschen so nahezukommen, wie es der Porträtist tun muss, oft ohne es beabsichtigt zu haben. Der Porträtist verliert sich für eine Weile sozusagen vollkommen in die Schneckenwindungen einer fremden Persönlichkeit. Und bis er wieder raus ist, ist entweder der Porträtierte böse oder der Porträtierende. Oft beide. Manchmal sind aber auch beide Teile zufrieden.

„Fotografie", wird zwei Generationen später Susan Sontag warnen, ist ein „aggressives Gewerbe". Nicht bei Schmutzer. Seine qualitätvollen Prominenten-Porträts wirken frisch und unbefangen – vom deutschen Literaturnobelpreisträger Paul Heyse bis zum Cellisten Pablo Casals – entspannt bis heiter, als fühlten sie sich unbeobachtet.

Porträts berühmter Leute sind wie die Puppe eines Bauchredners. Sie sprechen, obgleich leblos, für sich selbst. Sie sind eine Botschaft für sich selbst und für jeden anders begreiflich.

Schmutzers Kunst ist: nicht inszenieren, sondern beobachten. Er macht nur Kompromisse bei seinen Radierungen, ringt sie sich nach den Wünschen der Auftraggeber in bis zu 20 Arbeitsetappen förmlich ab. Anders als heute, da wir uns auf Fotos oft nicht wiedererkennen, fühlte sich Sigmund Freud in Schmutzers bekannter Radierung von 1926 gut „getroffen" und bedankte sich schriftlich: „Es ist mir ein Bedürfnis, Ihnen für die Mühe zu danken, die Sie sich mit der Wiedergabe meines garstigen Gesichts gegeben haben."

Der Trick beim fotografischen Porträt ist, hinter die Fassade zu gelangen. Die überzeugendsten Bildnisse erhellen den Charakter, also gilt die Aufmerksamkeit des Fotografen allein dem Ziel, sich einen Teil der Seele zu nehmen, und den Beobachter die Wahrheit hinter der Maske erahnen zu lassen.

Im Foto gelingt Schmutzer ohne viel Aufwand die Natürlichkeit des Ausdrucks. „Das Fotomaterial geht über die reine Arbeitsvorlage hinaus", sagt die Fotohistorikerin Anna Auer. „Schmutzer konnte ausgezeichnet mit der schwerfälligen Plattenkamera umgehen, mit ihr geradezu komponieren und mit einer ausgefeilten Licht- und Schattentechnik die Schwarz-Weiß-Schattierungen sehr gut herausarbeiten."

Dabei war Schmutzer als Maler, Zeichner und Radierer alles andere als innovativ oder revolutionär. 1897, nach der Gründung der Wiener Secession, stellte er noch im Künstlerhaus aus, von dem sich die Secessionisten bereits abgewendet hatten. 1901 trat er der neuen, damals aber immerhin schon vier Jahre alten Künstlervereinigung bei und blieb auch nach 1905 noch Secessionsmitglied, nachdem die Gruppe der Fortschrittlichen um Gustav Klimt das Haus in der Friedrichstraße bereits wieder verlassen hatten.

Er kam aus einer Zeit, als Schilderungen und Interpretationen des Gesehenen noch mit der Hand visualisiert wurden. Erst durch die kluge Paarung von Physik und Chemie brach das neue fotografische Zeitalter an. Und nach Jahrtausenden subjektiver Wiedergabe des Erschauten schenkte uns das „Bild aus der Maschine" die angeblich objektive Abbildung all dessen, worauf das Objektiv einer Kamera gerichtet werden konnte.

Aber die konservative Zeit erlaubte es dem anerkannten Kupferdrucker Schmutzer nicht, sich offen zur Fotografie zu bekennen, obwohl sein fotografischer Blick mehr zu sehen scheint: Neben sehr subtilen Landschaftsaufnahmen – entstanden in Südtirol und während eines zweijährigen Aufenthalts in Holland – sind seine Fotoporträts einfühlsame Annäherungen an Menschen und Situationen, einfache Kompositionen ohne überflüssige Schnörkel. Die überzeugendsten Bildnisse erhellen, offenbaren ein Stück einer Persönlichkeit.

Der Fotograf „sieht", das heißt fotografiert, was andere nicht sehen. Aber er entlarvt nicht das Geheimnis, sondern bringt es diskret zur Anschauung. Menschen ins Licht zu setzen, war Schmutzers Kunst. Damit hat er der Fotogeschichte ein neues Kapitel hinzugefügt.

Objektiv ist eigentlich ein falscher Begriff für die Linse eines

optischen Geräts. Denn er suggeriert strenge Sachlichkeit. Nämlich dass wir an das glauben müssen, was zu sehen ist. Dabei bleibt das Wesentliche unsichtbar. Die Bezeichnung entstand in einer vulgären Phase der Aufklärung, als man glaubte, die Welt wissenschaftlich entschlüsseln zu können. Aber nichts da. Wir haben tausend Türen aufgesperrt, und dahinter lagen immer wieder neue. Den Augen können wir längst nicht mehr trauen. Und das ist vielleicht ein Glück. Das Geheimnis ist der Nährstoff des Lebens.

Das signalisieren uns auch jene Bilder, auf denen nichts oder fast nichts zu sehen ist. Wittgenstein-Bilder? Worüber man nicht reden kann, darüber muss man schweigen, so der Philosoph. Auch ein weiser Fotograf kann in sieben Sprachen schweigen. Schmutzer hatte sicher eine Ahnung davon, dass wir von einem, der sich hinter der Objektivität seines Objekts verschanzt, ohnedies nicht einmal ein Passbild haben wollen. So tragen bei ihm sogar schon die Vorstudien seine ureigene Handschrift.

Der Vielbeschäftigte hat möglicherweise schon früh, um seinen zahlreichen Aufträgen gerecht zu werden, die Skizze, den zeichnerischen Entwurf durch den schneller arbeitenden Fotoapparat ersetzt. Wahrscheinlich gingen fast jeder seiner Porträt-Radierungen Fotostudien voraus. „Da sich der Künstler aber, soweit wir bisher wissen, weder über die Fotografie noch über seine Arbeitsweise mit diesem Medium je geäußert hat", sagt Anna Auer, „bleibt dies eine Vermutung. Doch für Schmutzer, der sein Handwerk bis zur Perfektion beherrschte, muss die fotobeschichtete Glasplatte – ähnlich wie die Kupferplatte – eine große technische Herausforderung gewesen sein."

Im Oktober 1928 vermerkte Arthur Schnitzler im Tagebuch voll Trauer den Tod seines Nachbarn im Währinger Cottage, des „großen Radierers" Schmutzer, für den er auch „große menschliche Sympathie" empfunden hatte. Die Ausstellung zum Gedenken an den Verstorbenen ein Jahr danach kommentierte Schnitzler mit den Worten: „Welch ein Meister."

Ein Sprichwort sagt: Das Auge ist des Herzen Zeuge. In dessen und anderen dunklen Kammern lebt die Wahrheit. Der Fotograf muss uns also lieben. Und nicht wie einen Gegenstand erfassen. Erst Liebe macht Sachlichkeit möglich. Der Porträtist muss eine dicke Nase unsichtbar machen. Einerseits. Andere Seiten wiederum muss er sichtbar machen.

„Ein Kunstwerk soll uns immer beibringen, dass wir nicht gesehen haben, was vor unseren Augen liegt", sagt der Dichter Paul Valéry. Wie die Fotos von Ferdinand Schmutzer.

GREGOR-MENDEL-STRASSE 4
GREGOR-MENDEL-STRASSE 25
(ATELIER)

ANTON HLAVAČEK
CHRONIST DER VILLEN-SIEDLUNG

Fjordartig zwischen steilen Felswänden eingebettet liegt der Königssee in der Bergwelt der Berchtesgadener Alpen. Er ist einer der schönsten Seen Bayerns. Anton Hlavaček (1842–1926) hat ihn gemalt, Kaiser Franz Joseph hat 1869 sein Bild gekauft. Und dieses Bild hat den Ruf des Wiener Künstlers als Alpen- und Landschaftsmaler begründet.

Monumentale Arbeiten für das Naturhistorische Museum und den Wiener Rathauskeller entstanden, als die Landschaftsmalerei nur als „eine Art Flechte und Moos am großen Stamm der Kunst" galt, wie einer seiner Künstlerkollegen einst sagte. Für den Cottage Verein zeichnete er bereits 1874 detailgetreu die neuen Villen in Wien, mit seinen Aquarellen war er ein Chronist des Viertels. 1876 begann er sein Riesengemälde „Die Kaiserstadt an der Donau", das er dem Museum der Stadt Wien überließ.

Zu seinen Hauptwerken zählen das „Panorama von Wien und seine Umgebungen vom Nussberg bei Nussdorf" im Steinernen Saal des Wiener Rathauses und „Das alte Donaubett von Wien". Und für einen Holzpavillon von Johann Wallner's Meierei „Tivoli", einem Vergnügungsetablissement im ehemaligen Wiener Vorort Obermeidling, in dem um 1900 auch Gustav Klimt und Egon Schiele aus und ein gingen, pinselte Hlavaček eine Serie großformatiger Alpenlandschaftsbilder.

„Groß denken, begeistert fühlen, das Wahre suchen, das Edle

schaffen“, war sein Motto. Das Ergebnis mehrerer Studienreisen waren fein ausgeführte Bilder poetischer Naturbeobachtung, wie „Motiv aus Gastein“, „Gebirgslandschaft“, „Morgen am Hintersee“ oder „Aus dem Odenwald“. Von 1911 bis zu seinem Tod wohnte er im Parterre des Hauses Gregor-Mendel-Straße 41, arbeitete aber an verschiedenen Adressen in Ateliers, die er in Cottage-Villen mietete.

Er malte – immer auf der Jagd nach grandiosen Motiven und auch noch mit 82 Jahren auf den Bergstraßen Gasteins unterwegs – topografisch wiedererkennbare Orte. Als sein Lebenswerk gilt ein fast authentisches Bild von Wien um die Jahrhundertwende. Einige Monate im Jahr verbrachte er, bereits im höheren Alter, in Baden, lebte dort in der Pension „Sonnhof“, liebte die Idylle im Helenental und die Schönheiten des Badener Kurparks.

VEGAGASSE 19,
PETER-JORDAN-STRASSE 28–30

GEORG STEFAN TROLLER

SPAZIERGANG DURCH DIE ERINNERUNGEN

Im Löw kam er auf die Welt. Das gehörte damals zum guten Ton unter den bürgerlichen Juden Wiens. Bessere Leute starben auch im Sanatorium Löw am Alsergrund, etwa Josef Kainz oder Gustav Mahler. Georg Stefan Troller, 1921 in Wien geboren und 1938 von hier vertrieben, lebt mit amerikanischem Pass seit 65 Jahren in Paris. Paradox: Wien bleibt ihm trotzdem immer Heimat, denn: „Wien ist eine wunderbare Stadt."

„Ein Emigrant hat Heimweh nach einem Land, das er nicht mehr seine Heimat nennen darf", sagt der große alte Mann des deutschen Journalismus und Autor zahlreicher Bücher. „Das Nicht-Dazugehören bleibt einem erhalten. Man ist überall ein Fremder." Nach dem Krieg wäre er gerne in sein geliebtes Wien zurückgekehrt. Auch wenn das nicht gelungen ist, geblieben ist die Sehnsucht nach der Stadt seiner Kindheit und Jugend.

„Wie alle Wiener habe ich Wien jederzeit ebenso glühend geliebt wie gehasst, was zweifellos fruchtbar ist. Gleichgültig ließ mich die Stadt nie, aus der ich mit 17 Jahren hinausmusste."

Vieles von den bitteren Erfahrungen in der alten Heimat erzählt seine Autobiografie „Wohin und zurück – Welcome in Vienna", von Axel Corti als Emigrantentrilogie verfilmt. Troller hat bis zuletzt um einen griffigen Filmtitel rund um das Wort „Emigranten" gerungen. Aber der Pragmatiker Corti verwarf die Idee: „Emigranten im Titel, das geht gar nicht. Das halbiert die Einschaltquote."

Der „Anschluss" Österreichs an Hitlerdeutschland im März 1938 bedeutet für den 16-jährigen Gymnasiasten „das Ende der Kindheit. Da merkst Du, dass Du ein Niemand bist, ein Postpaket, ein Ding, das man hin- und herschubsen kann." Die Zeit der Verfolgung ist mit viel Angst verbunden. In der sogenannten „Kristallnacht" ist er in einem Keller versteckt. „Bei einem Buchbindermeister, bei dem ich gelernt hatte", so Troller.

„Von hier aus blickte man direkt auf das Kommissariat, wo die Juden zusammengetrieben wurden. Dort gab es das berühmte Turnen: Die alten Herrschaften mussten sinnlose Leibesübungen vollführen. Einmal kam ein besoffener SA-Mann von gegenüber die Treppe in meinen Keller heruntergepoltert. Ich lag versteckt in einem Haufen mit Altpapier. Er stellte sich vor den Haufen und pinkelte direkt auf mich zu. Und ich durfte mich nicht rühren. Das ist meine Lebensansicht aus dieser Zeit: Du stehst da, wirst bepinkelt und darfst dich nicht wehren."

Entwurzelung und Zerrissenheit, die Sinnlosigkeit des ewigen Davonlaufens sind die prägenden Momente seiner Lebensgeschichte. Auf der Flucht über Brünn, mit einem Köfferchen und Karl Kraus' „Die letzten Tage der Menschheit", beides wird ihm gestohlen, geht's nach dem deutschen Einmarsch mit einem falschen Visum für Uruguay weiter nach Frankreich: „Dort steckte man uns, die wir vor den Nazis geflohen waren, in Internierungslager für Ausländer." Die Gefühle des Flüchtlings? „Er leidet an Heimweh nach einem Land, das ihn hasst, und kann dasjenige nicht lieben, das ihn immerhin existieren lässt."

Er fuhr allein nach Amerika: „Die Eltern kamen später nach, über Portugal auf einem sogenannten Totenschiff, das bei der nächsten Atlantiküberquerung versank. Und immer ist sie da, die untergründige Bedrohung. Die Verstrickung in ein Netz von Gesetzen, Verordnungen und bürokratischen Labyrinthen. Die Abhängigkeit von der Willkür anderer."

Winston Churchill hat einmal gesagt: „Wenn du durch die

Hölle gehst, geh weiter." Und um zu überleben, muss man täuschen, sagt Troller: „Um ein Ausreisevisum zu bekommen, ist man todkrank. Um in ein neues Land gelassen zu werden, ist man kurz darauf kerngesund. Zuletzt fühlt man sich als Gespenst." Oder wie es in „Flüchtlingsgespräche" von Bertolt Brecht heißt: „Der Pass ist der edelste Teil von einem Menschen."

Als Soldat der U.S.-Army kehrt er nach Europa zurück. Als Dolmetscher für die Befragung der deutschen Kriegsgefangenen setzt Troller Mitte 1943 nach Casablanca über. „Als Kafkas Mistkäfer hatte ich die Alte Welt verlassen, als Gary Cooper kehre ich wieder. Die Reconquistà hat begonnen, meine höchstpersönliche Rückeroberung", heißt es in „Selbstbeschreibung", seiner Auseinandersetzung mit dem eigenen Leben, verfilmt nach seinem Drehbuch mit Alexander Pschill in der Hauptrolle.

Der Vollbart ist weiß geworden. Die Haare hat er zu einem kurzen Zopf zusammengebunden. Die Augen schauen wach hinter den Brillengläsern, registrieren jedes Detail. Dann die unverkennbare Stimme mit einem Hauch von Wiener Schmäh, Melancholie und Ironie. In Troller wohnt immer noch der knirschende Humor.

Er lebt in Paris im siebten Arrondissement, in der Nähe des Eiffelturms. 1949 geht er nach dem gescheiterten Versuch, nach Wien zurückzukehren und hier Theaterwissenschaft zu studieren, als Student mit einem Fulbright-Stipendium an die Sorbonne in die Seine-Stadt – wegen dieses Gefühls von Freiheit, Unabhängigkeit und jugendlichem Übermut. Und wegen Edith Piaf in ihrem schwarzen Kleid auf der Schallplattenhülle.

„Paris war halt damals zukunftsträchtiger für mich, weil man ja in dem Alter doch nicht weiß, was aus einem wird. Und diese Unsicherheit, dass möglicherweise noch alles drin ist, das ist ja das Aufregendste an der Jugend. Nachher weiß man dann, das und das war drin. Und das war es dann."

Er wird Radioreporter und Dokumentarfilmer, ist eine Fern-

sehlegende und ein Abenteurer, bezeichnet sich selbst als „menschenscheu" und porträtiert doch am liebsten Menschen. Mit der wöchentlichen Sendereihe „Pariser Journal" und den „Personenbeschreibungen" schreibt er deutsche Fernsehgeschichte. Er macht mehr als 150 Filme und mehr als 2.000 Interviews mit Prominenten aus Kultur, Gesellschaft, Sport und Wirtschaft. Er interviewt „mit einer gewissen Unverfrorenheit" unter anderen Roberto Rossellini, Liv Ullmann, Charles Bukowski, Felix Mitterer, Muhamed Ali, Hugh Hefner, Coco Chanel, Leonhard Cohen und Peter Handke.

Die Erinnerung an diese Begegnungen – „kurze schöne Liebesaffären" – tragen alle zur Farbe des eigenen Lebens bei. Trollers Markenzeichen ist, Leute dazu zu bringen, etwas von sich preiszugeben, was sie entweder so noch nicht wussten oder geschickt verdrängt oder verborgen hatten. „Mich hat immer interessiert: Wie überwinden die Leute ihre Wunden, wie kommen sie darüber hinweg?"

Die Kunst des Interviews besteht darin, genau zu wissen, wie weit man zu weit gehen kann. Und er stellt die Fragen, auf die er selber Antworten sucht. „Man muss Fragen finden, die dem anderen auf der Zunge, im Herzen, im Unbewussten lagern." Wenn ein Interview gelingt, dieses leise Ankratzen, dieses Anklopfen an der Seele des Nächsten, so sagt Troller gern: „Dann bist du im Geschäft." Wenn nicht, dann „bist du im Eimer", sein anderer Lieblingsausdruck. „Aber ich bin mit jeder Person, die ich mir einverleibt habe, gewachsen."

Woody Allen mochte ihn nicht. Edith Piaf, erzählt er, stellte ihren neuesten Liebhaber den Gästen als neuen Patron des Hauses vor und raunte gleichzeitig ihrem Nachbarn zu: „Hoffentlich hält er sich über den Winter." Charles Aznavours Liebe zur Piaf blieb unerfüllt, was Troller lakonisch so erklärt: „Sie gab nichts auf kurzbeinige Männer."

Romy Schneider verehrte er. Macht das letzte Fernsehinterview mit ihr vor ihrem Tod: „Romy war berührend in ihrer Offenheit, in ihrer Verletzlichkeit. In ihrer völlig verfehlten Hingabebereitschaft an die falschen Männer. Sie wollte das Richtige tun, ankommen, geliebt werden. Aber das deutsche Publikum hat sie ja gehasst, nachdem sie die Sisi-Filme aufgegeben hatte und nach Frankreich ging. Die Deutschen haben sie fertiggemacht wie Marlene Dietrich. Als Verräterin, umso mehr, als sie dann noch einen französischen Liebhaber hatte, Alain Delon, was ja auch nicht ging: Wo bleibt der deutsche Mann. Romy war ein unglückliches Wesen, aber eine große Liebende und immer bereit, sich neu zu verlieben. Das war überwältigend bei ihr. Man musste sie gern haben."

Mit dem Interviewen sei es wie mit dem Küssen, fand Hermann Bahr: „Mit Ausdauer, wenn man sich nur nicht abschrecken lässt, gewöhnt man jede Unschuld daran und sie findet es dann sogar ganz nett."

Späte Spurensuche in Wien. Ein Spaziergang durch die Erinnerungen an die Kindheit, an die „mir gestohlene Jugend, weil ich mit 17 auf einmal erwachsen werden musste", sagt Troller. Am Rudolfsplatz, im alten Textilviertel, ist 1929 die elterliche Wohnung. Auch der Kindergarten und die alte Schule sind noch da.

Der Vater, ein Pelzhändler, kam aus Brünn in Mähren, geboren im Jahr der Erfindung des Automobils und gestorben mit 91 am Ende des Vietnamkriegs. Sein Geschäft war gleich um die Ecke in der Neutorgasse. Der Junior kritzelte auf die Rückseite von Vaters Visitenkarten: „Kaufst du nicht die Troller-Felle, so erfrierst du auf der Stelle."

Der Vater wird später einmal zu ihm sagen: „Also, Schorschi, dass aus dir was geworden ist, ich versteh's ja nicht."

Als Troller neun ist, zieht die Familie vom Donaukanal in die Vegagasse im Cottage: „Ein hügeliges Villenviertel aus der Jugendstilzeit, der letzten Periode, in der Wien sich noch ästhetischen Luxus leisten konnte. Am unteren Grätzelrand steht festungsartig das humanistische Gymnasium, gelb gestrichen wie alle öffentlichen Zweckbauten aus der Monarchie."

Vater Troller besitzt einen dunkelbraunen Citroën, im krisengeschüttelten Österreich ein geradezu aufreizender Luxus: „Der einzige Wagen der Vegagasse, ja wahrscheinlich bis hin zur Sternwartestraße."

Die Fassade der 1906 von Robert Oerley errichteten Doppelvilla in der Vegagasse 19 ist durch einen orthogonalen Raster aus schmalen braunen Fliesen gegliedert. Im Prunkraum des Hauses wird gefeiert. Zum Beispiel das Pessachfest, „eine der wenigen Gelegenheiten für das immense ungeheizte Speisezimmer mit seinen violetten Seidentapeten und geschnitzten, braun gebeizten Kolossalmöbeln, sich nützlich zu machen". Köchin, Stubenmädchen und Hausmeister gehören zum Haushalt. Nur zahlen die drei weiteren Parteien im Haus nie den vereinbarten Zins, stehen zugleich unter Mieterschutz und sind deshalb vor dem Hinauswurf sicher. „Als Vater es satt hatte, schlug er die Villa mit Verlust los, und wir kamen 1937 selbst zur Miete in die Peter-Jordan-Straße. Das war ein Schritt bergab, der erste von vielen."

Mit 16 beginnt Troller, auf einer Hermes-Baby-Schreibmaschine zu schreiben, ein Geschenk des Vaters. Er will schon damals Schriftsteller werden. „Mein erstes Buch hieß ‚Georg Trollers Gesammelte Werke'. Ich habe es sogar bei einem Buchbinder binden lassen", sagt Troller. Der Hermes Baby bleibt er treu. Inzwischen ist die achte im Einsatz.

Was für Stefan Zweig 1942 „Die Welt von gestern" war, nennt Troller „Das fidele Grab an der Donau". Eine Kulturgeschichte, selbst erlebt, erträumt und gedeutet. Der Titel seiner Wien-Erinnerungen ist ein Zitat von Alfred Polgar, dem Meister der pointierten Kleinprosa, auch „Marquis de Prosa" genannt. Da erzählt ein scharfer Beobachter mit großer Sensibilität fürs Menschliche im amüsanten Plauderton, mit Anekdoten unterbuttert, was er im Wien seiner Kindheit und Jugend erlebt oder von anderen gehört hat, was er später liest oder heute denkt. Der Untertitel „Mein Wien 1918–1938" markiert Anfang und Ende einer untergegangenen Welt zwischen zwei Weltkriegen, mitsamt ihren radikalen politischen Veränderungen.

Im Café de Flore an der Ecke des Boulevard Saint-Germain und der Rue Saint-Benoît in seiner Wahlheimat Paris ist Troller nicht mehr so oft anzutreffen wie früher. „Wenn man älter wird, geht man öfter in sich als nach draußen. Man wird müder, lethargischer." Zu Österreich hat er bis heute eine sehr ambivalente Beziehung, die von Sehnsucht und tiefer Enttäuschung geprägt ist: „Es stimmt, auch ich habe behauptet: Mein Bedarf an Heimat ist gedeckt. Es war eine Lüge. In Wirklichkeit war mein Bedarf an Heimat unersättlich."

Wien war immer die schönste Stadt der Welt für ihn: „Und ist es nach wie vor", sagt der mittlerweile Hochbetagte. „Wobei die Sehnsucht nach der Heimat eigentlich die Sehnsucht nach der Kindheit ist. Und beide sind nicht wieder zu erobern. Trotzdem ist Wien für mich neben Paris der einzige Ort der Welt, wo ich innerlich tief ergriffen, aufgewühlt sein kann von der Stadt."

Die Bilanz ist versöhnlich: Er empfindet sein Leben als eine „unerwartete und unverdiente Erfolgsstory". Aber was macht das Leben aus? Die Summe der intensiv erlebten Augenblicke, keine Frage. Aber ist damit nicht vor allem die Jugend im Übermaß gesegnet? Die ultimative Antwort gibt Troller mit dem schönen Satz: „Wenn die Jugend bloß wüsste, und wenn das Alter bloß könnte. Dazwischen aber liegt, wenn man einigermaßen Glück hat, eine Strecke, in der man sowohl kann wie weiß. Das ist die schönste Zeit."

HERTHA PAULI
DIE FREUNDIN BEDEUTENDER MÄNNER

Eine Wienerin traf auf den Engel von Marseille, einen jungen Amerikaner. Der eilte im Sommer 1940 nach Frankreich, um eine gigantische Rettungsaktion zu starten: Der Harvard-Absolvent Varian Fry wurde als Fluchthelfer der Dichter und Denker zu einem Helden des Zweiten Weltkriegs.

Sein Büro des „Emergency Rescue Committee“ in Marseille, nach dem Hilferuf von Thomas Mann und mit der Hilfe der amerikanischen Präsidentengattin Eleonore Roosevelt gegründet, half in 13 Monaten rund 4.000 Emigranten aus Deutschland, Nazigegnern und Juden, zu überleben und zu flüchten – mit dem Schiff und dem Flugzeug über Lissabon, und illegal zu Fuß über die Pyrenäen.

Varian Fry befreite sie aus der Falle Südfrankreich vor dem Zugriff der französischen Polizei und der Gestapo. Seine Mission war, von ihm bewunderte europäische Schriftsteller, Künstler und Intellektuelle wie Franz Werfel, Lion Feuchtwanger, Heinrich und Golo Mann, Alfred Döblin, Walter Mehring, Max Ernst oder Marc Chagall vor den Nazis zu retten. Er war der Mann für Not-Visa, Affidavits, Ausreisepapiere, gefälschte Pässe, schnelles Geld. An der Flüchtlingsfront organisierte er Verstecke und Bestechungsgelder.

Der aus Österreich geflohene Zeichner Bil Spira, der unter anderem in der „Arbeiter-Zeitung“ Artikel und Gedichte des befreundeten Autors Jura Soyfer illustriert hatte, setzte in Südfrankreich sein Talent dazu ein, für die Flüchtlinge Pässe und Dokumente zu fälschen. Von Spitzeln verraten, begann für Spira eine Odyssee durch verschiedene Konzentrationslager, die er überlebte. Er kehrte nach Paris zurück und blieb dort bis zu seinem Tod, wo er als Zeichner für Zeitschriften arbeitete und Bücher illustrierte.

Varian Fry, der „Menschenfischer", wie ihn viele nannten, starb 1967. Kurz davor sagte er: „Was sind schon tausend Gerettete? Man sollte verhindern, dass Millionen im Terror untergehen." Seine Erinnerungen sind unter dem Titel „Auslieferung auf Verlangen" erschienen. Die Anerkennung, die er sich gewünscht hatte, kam erst postum. 1996 ehrte ihn die Holocaust Gedenkstätte Yad Vashem als „Gerechten unter den Völkern".

Hertha Pauli war die kämpferische Wienerin, in guter Gesellschaft unter den Opfern und Gegnern der Nazis, mit zu wenig Hoffnung und zu viel Gepäck in Marseille, wo sich zahllose Dramen der Emigration abspielten. Und wo Anna Seghers' Emigrantenroman „Transit" spielt, ein eindringliches Zeugnis über den letzten Fluchtort für all jene, die von den Nationalsozialisten kreuz und quer durch Europa gejagt wurden.

Pauli, die Schauspielerin und Autorin, flüchtete mit Varian Frys Hilfe im Herbst 1940 von Lissabon aus nach New York. Sie erinnerte sich später an ihre erste Begegnung mit ihm im vierten Stock des „Hotel Splendide" in Marseille, 31 Boulevard d'Athènes: ein junger Mann in Hemdsärmeln, in Listen vertieft („Ernst Weiss, a Czech Novelist", „Walter Mehring, a German poet"). Er sah sie mit seinem „Buster-Keaton-Face" an und sagte: „Bringen Sie Mehring morgen mit. Au revoir."

Hertha Pauli, Jahrgang 1906, entstammt einer bürgerlichen Wiener Familie aus der Anton-Frank-Gasse 18 im Währinger Cottage. Sie kommt aus einer Zeit, als Wien noch die Weltstadt ist, in der das Haus Habsburg und der Walzerkönig regieren. Als sich im Kaffeehaus noch die große Welt trifft. Als hier Ideen geboren, Entscheidungen gefällt und Hoffnungen begraben werden.

Sie ist die Enkelin eines Schriftstellers und einer Opernsängerin. Ihr Vater: Arzt und Biochemiker an der Universität Wien. Ihre Mutter: Journalistin unter anderem bei der „Neuen Freien Presse" und Pazifistin, die sich in der Frauenbewegung engagiert. Das prominenteste Mitglied der Familie ist Herthas älterer Bruder, Wolfgang Pauli. In seinem Geburtsjahr 1900 begründet Max Planck die Quantenphysik, und Sigmund Freud publiziert seine „Traumdeutung".

Wolfgang Pauli studiert nach dem Besuch des humanistischen Gymnasiums in Döbling Physik in München, dissertiert und publiziert mit 21 Jahren eine Einführung in die Relativitätstheorie. Albert Einstein ist beeindruckt. Pauli wird Professor an der ETH Zürich, entdeckt das Elementarteilchen Neutrino, entwickelt gemeinsam mit Werner Heisenberg 1929 die Quantenfeldtheorie und wird 1945 mit dem Nobelpreis für Physik ausgezeichnet.

Die Schwester des Kernphysikers geht einen ganz anderen Weg: Schon mit acht Jahren verfasst sie Gedichte und Erzählungen. Als sie nach dem Ersten Weltkrieg mit einem Kindertransport nach Dänemark geschickt wird, beginnt sie, Märchen von Hans Christian Andersen zu dramatisieren.

Zum Theater will sie. Die Mutter bringt sie zu Hedwig Bleibtreu in der Hoffnung, dass sie ihr die Idee, Schauspielerin zu werden, ausredet. Aber die Bleibtreu attestiert ihr Talent: „Frau Professor, da kann man nix machen. Sie ist fürs Theater geboren", soll sie gesagt haben.

Hertha Pauli bekommt bei ihr Schauspielunterricht, studiert Drama an der Wiener Kunstakademie und wird nach ihrem ersten Engagement 1927 von Max Reinhardt nach Berlin geholt. Unter anderen vertritt sie Helene Thimig in „Die Gefangene" und spielt auch eine „winzige Rolle" in Ödön von Horváths

„Geschichten aus dem Wiener Wald". Die wurden 1933 als „beispiellose Unverschämtheit" („12-Uhr-Blatt") und auch 1948 noch als eine „Unverfrorenheit" („Österreichische Zeitung") bezeichnet. Aber deren Motto ist bekanntlich: „Nichts gibt so sehr das Gefühl der Unendlichkeit als wie die Dummheit."

Bis zu ihrer Rückkehr 1933 nach Wien schreibt Hertha Pauli neben der Schauspielerei Hörspiele, Kurzgeschichten, Feuilletons und Gedichte. Einiges erscheint in Berliner Zeitungen. Ihr erster Roman „Toni. Ein Frauenleben für F. Raimund" 1936 bei Zsolnay. Ihre Biografie über Bertha von Suttner, „Das Genie eines liebenden Herzens", eine Hommage an den Pazifismus, wird in Deutschland ebenso schnell verboten und auf die „Liste des schädlichen und unerwünschten Schrifttums" gesetzt wie „Die Waffen nieder" der Friedensnobelpreisträgerin.

Aber auch in Wien sorgt die Suttner-Biografie für einen kleinen Wirbel: Als die Autorin im Rundfunk daraus vorliest, werfen Nazis Stinkbomben in den Senderaum. Es sind die dramatischen Tage in Wien vor dem „Anschluss" an das deutsche Reich im März 1938. Tumulte gab es bereits am 11. März, einen Tag bevor der Führer die formale Annexion Österreichs verkündete.

„Vom Hotel Bristol aus, das an Wiens großer Prachtstraße, dem Ring, liegt, braucht man normalerweise zehn Minuten, um zum Café Herrenhof zu gelangen. Nicht so an jenem 11. März. ‚Wenn der Ring blockiert ist, herrscht Revolution', heißt es seit 1918 in Wien." An jenem Tag ziehen junge Nationalsozialisten vor der Oper auf und brüllen „Heil Hitler!"

In Hertha Paulis Mansardenwohnung in der Weimarer Straße 31, wo sie mit Karl Frucht, den sie „Carli" nennt, die „Österreichische Korrespondenz", eine Literaturagentur betreibt, die Texte von Ödön von Horváth, Walter Mehring, Joseph Roth und vielen anderen vor allem an Zeitschriften und Zeitungen vermittelt, „war es noch ruhig, als sei nichts geschehen. Friedlich lagen die Manuskripte unserer Autoren in den Fächern eines hohen Regals. Sämtliche politische Richtungen von links nach rechts waren vertreten; nur die nationalsozialistische fehlte."

Die Autorenliste reicht vom Dichter Franz Theodor Csokor, der als Vertreter Österreichs am P.E.N.-Kongress in Dubrovnik für den Ausschluss der Nazis gestimmt hatte, über Alfred Polgar und Egon Friedell bis zu den Auslandsrechten von Kurt Schuschniggs „Dreimal Österreich".

Einen Tag nach Hitlers Einmarsch am 12. März schreibt Hilde Spiel in ihren kleinen Taschenkalender: „Es ist alles hässlich und unerträglich. Die Eltern sind im Feuer. Der Teufel regiert." Am selben Tag beginnt auch in Wien die Verfolgung und Demütigung jüdischer Bürger, die unter Prügel gezwungen werden, mit Zahnbürsten öffentliche Toiletten zu reinigen oder das Straßenpflaster zu putzen.

Schon am 16. März 1938, drei Tage nach dem „Anschluss", klingeln zwei Burschen mit Nazi-Emblemen beim Schauspieler, Kabarettisten und Kulturhistoriker Egon Friedell in der Gentzgasse 7, um ihn zum „Straßenwaschen" abzuholen. Egon Friedell folgt ihnen aber nicht, sondern geht zum Fenster seines Arbeitszimmers, ruft den Passanten unten zu, sie mögen doch bitte beiseitetreten, und springt in den Tod.

Da hat Hertha Pauli die Stadt bereits mit dem Zug vom Wiener Westbahnhof aus verlassen. Sie flüchtet über die Schweiz nach Paris. Ihre Begleiter und Freunde: Karl Frucht, 1911 geboren, als Jude in Wien aufgewachsen und zum Juristen ausgebildet, beschreibt seinen abenteuerlichen Lebensweg als Nomade, der seine Heimat nicht vergessen kann, später unter dem Titel „Verlustanzeige – Ein Überlebensbericht".

Die dramatischen Ereignisse und ihren Weg ins Exil schildert Hertha Pauli mehr als drei Jahrzehnte später in ihren Erinnerungen „Der Riss der Zeit geht durch mein Herz". Der Titel ist ein Zitat von Heinrich Heine. Den Satz nimmt Hertha Pauli mit auf die Flucht vor dem Nationalsozialismus, von Wien durch Europa und nach Amerika. Auf der Suche nach dem Raum und nach der Zeit, die irgendwo, irgendwann verlorengingen.

Walter Mehring, der in Paris lebende deutsche Schriftsteller und Mitbegründer der Berliner Dada-Gruppe, war 1934 eigentlich nur für ein paar Tage nach Wien gekommen – und ein paar Jahre geblieben. Beim Heurigen bezeichnete er sich manchmal als „Wahl-Wiener". Jetzt schien ihm, nach dem alten Witz aus dem Ersten Weltkrieg, die Lage „hoffnungslos, aber nicht ernst".

Turbulent und dramatisch sind die letzten Stunden in Wien auch für Walter Mehring am 11. März 1938, der auf dem Weg in sein Zimmer im Hotel Fürstenhof am Westbahnhof sieht, dass auf den Straßen überall Nazis sind. Mehring will seine Bibliothek zusammenpacken und sich auf die Flucht vorbereiten. Bundeskanzler Kurt Schuschnigg ist zurückgetreten und hält um 19.47 Uhr über den Rundfunk seine legendäre Abschiedsrede, die mit den Worten „Gott schütze Österreich" schließt.

Hertha Pauli erinnert sich später: „Nach neun Uhr kam Mehring, weiß wie die Wand. Die tobenden Horden hatten sein

Taxi am Gürtel aufgehalten. Der Chauffeur war durch Seitengassen entkommen, schimpfte auf die ‚Saubagasch' und vermittelte die neuesten Nachrichten: Im 1. Bezirk sei kein Durchkommen mehr, im Bundeskanzleramt säße die SS, Schuschnigg sei verhaftet. Mehring stürzte ans Telephon. ‚Wen willst Du anrufen?', fragte ich. ‚Paris. Einen Freund am Quai d'Orsay.' Seine Finger umklammerten schon den Hörer. Die ganze Nacht suchte er von meinem Telephon aus Paris zu erreichen. Dass dies für uns gefährlich sein könnte, war uns nicht klar; wir begriffen bloß, dass die Verbindung nicht zustande kam."

In der Nacht sei Mehring von der Gestapo im „Fürstenhof" bereits gesucht worden. Walter Mehrings erinnert sich an ein Telefonat in diesen dramatischen Stunden mit seinem Kollegen Arnold Höllriegel, der sagt: „Wien verloren! Die tschechische Grenze gesperrt! Retten Sie sich!" Und bei seinem Anruf im „Fürstenhof" wird er vom Hotel-Eigentümer gewarnt: „Sie kommen besser nicht mehr heim! Sie haben Besuch gehabt und Ihre Bibliothek hat er schon mitgenommen!"

Mit Walter Mehring ist Hertha Pauli bis zu ihrem Tod befreundet. Er hat drei Jahrzehnte an einem neuen Roman geschrieben, einem Buch über das Leben im Exil. Aber 800 handgeschriebene Seiten gehen verloren. „Die schlimmste Katastrophe meines Lebens", sagt er, der sein Leben lang in Katastrophen gelebt hat.

Hertha Pauli gilt als „Freundin bedeutender Männer", denen die Flucht zur Heimat wird: Im Pariser Café Le Tournon sitzt in seinen letzten Lebensjahren tagsüber meist Joseph Roth, Autor von großen Romanen wie „Hiob" (1930), „Radetzkymarsch" (1932) und „Das falsche Gewicht" (1937), er logiert auf wenigen Quadratmetern im Hôtel de la Poste direkt darüber. Roths Freundin Manga Bell, Tochter eines schwarzen Jazzmusikers und einer Hamburgerin, bringt Hertha Pauli zum Widerstand.

Mit Peter Hammerschlag, 1942 im Konzentrationslager ermordet, hatte sie mehrere Sketches für die von Stella Kadmon

1931 gegründete legendäre Wiener Kleinkunstbühne „Zum lieben Augustin“ geschrieben.

Ödön von Horváth lernt sie nach einer Vorstellung von „Geschichten aus dem Wiener Wald“ in der Garderobe der „Marianne“ Carola Neher kennen und verliebt sich in den genialischen Dichter aus Ungarn. Eine ambivalente Beziehung, die fast tragisch geendet hätte – durch ein Missverständnis. Denn er heiratet, obwohl im Dezember 1933 mit Hertha Pauli zusammen, die jüdische Sängerin Maria Elsner, um ihr – sie hat in Berlin Auftrittsverbot – einen ungarischen Pass zu verschaffen und ihr so zur Flucht zu verhelfen.

Aber davon weiß Hertha Pauli nichts. Nach einem Selbstmordversuch wird sie zum Glück gerettet, die Ehe zwischen Horváth und Elsner wird schon nach wenigen Wochen einvernehmlich wieder geschieden. Über Horváth, den leichtsinnigen, lebenslustigen und sympathischen Schlawiner, sagt die Pauli: „Bei allem schien etwas wie eine unsichtbare Mauer um ihn. Jeder, der ihn traf, hatte ihn gern. Die meisten Frauen waren von ihm fasziniert, aber er war und blieb im Grunde einsam.“

Hertha Paulis Erzählung „L'inconnue de la Seine“ erscheint am 4. November 1931 im „Berliner Tagblatt“. Die junge unbekannte Frau, deren Leichnam um 1900 in Paris aus der Seine geborgen wurde, der friedvolle Gesichtsausdruck ihrer Totenmaske, gab Anlass zu vielen Spekulationen und inspirierte zahlreiche literarische Werke.

Horváth will zunächst gemeinsam mit der Wienerin und nach dem Vorbild ihrer Erzählung eine „Komödie in drei Akten“ schreiben: „Eine Unbekannte aus der Seine“. Doch stellt sich heraus, dass „Ödön weder eine Vorlage (wie meine Erzählung) benützen noch irgendwelche Ideen verwenden oder Vorschläge annehmen konnte. Seine Figuren erschienen, besaßen ein Eigenleben und taten, was sie wollten. Er schrieb es auf und war unfähig, etwas daran bewusst zu verändern. So entstand ‚Die

Unbekannte aus der Seine‘ genau so wie seine anderen Stücke ...“

Aus der Liebesaffäre wird eine Freundschaft, die bis zu Horváths Tod in der Emigration anhält. „Die Liebe ist nur eine fixe Idee“, hatte er ihr irgendwann einmal erklärt. Die nahende Nazizeit belastet den Dichter, der schreibt: „In München war es zuhause sehr schön, aber auf der Straße unwahrscheinlich grässlich. Dort ist selbst die Luft verblödet.“

Im Herbst 1935 übersiedelt Horváth gemeinsam mit der Schauspielerin Wera Liessem von Berlin wieder nach Wien und schreibt hier schon bald: „Es ist typisch für unsere Tage, wie sehr sich jeder einzelne in seinem innersten Wesen ändert infolge der Katastrophen, die die Allgemeinheit betreffen.“

Horváth flieht in der Nacht vom 12. auf den 13. März 1938 zunächst über die gesperrte Grenze nach Budapest und erreicht nach einer Odyssee über Teplitz-Schönau, Prag, Mailand und Brüssel Amsterdam. Dort prophezeit ihm eine Wahrsagerin „das größte Abenteuer seines Lebens“ in Paris: Dort würden die letzten Maitage für sein Leben entscheidend sein. Schließlich trifft er am 28. Mai 1938 in Paris ein und sagt gut gelaunt: „Ich bin nur auf der Durchreise hier.“ Sein Ziel ist Amerika.

Im armenischen Bistro neben dem Hotel verzehrt er zum Rotwein „mit Wonne die schärfsten Paprika, ohne den Mund zu verziehen“, berichtet Hertha Pauli, die meint, „beinahe wieder im Wiener Griechenbeisel zu sitzen.“

Weil Horváth abergläubisch ist, hat er vor allem vor dem 31. Mai große Angst. Sein Freund Karl Frucht muss ihn deswegen den ganzen Tag auf allen seinen Wegen in Paris begleiten und auf ihn aufpassen. Frucht und Hertha Pauli sind bei ihm in seinem Zimmer im Hôtel de l’Univers bis zum frühen Morgen des 1. Juni, als seine Nervosität endlich nachlässt. Er meint, das Schlimmste sei überstanden. Er ist sich ganz sicher, dass ihm Paris nun Glück bringen werde. Und kritzelt ein kleines Gedicht auf eine leere Zigarettenschachtel:

Was falsch ist, wird verkommen,
auch wenn es heut' regiert –
Was echt ist, das soll kommen,
auch wenn es heut' krepiert.

Nach ein paar Stunden Schlaf sieht sich Horváth am Nachmittag im Cinema Champs-Elysées Walt Disneys ersten abendfüllenden Zeichentrickfilm „Schneewittchen" an, trifft dann den Regisseur Robert Siodmak im Café Marignan, um die Verfilmung seines Romans „Jugend ohne Gott" zu besprechen.

Am frühen Abend verabschiedet er sich. Es ist kühler geworden, es weht ein heftiger Wind, ein Gewitter zieht auf. Horváth schlendert die Champs-Elysées entlang, überquert sie bei der Avenue Marigny, als plötzlich ein starker Windstoß durch die alten Bäume fährt. Unter einer Kastanie trifft ihn ein herabstürzender Ast am Hinterkopf. Horváth ist sofort tot.

In der Manteltasche Horváths, der Gott suchte und das Leben liebte, findet man weder die Bibel noch einen Gedichtband. Man findet dort ein Päckchen Aktfotos. Und das Gedicht auf der Zigarettenschachtel, das mit den Zeilen endet: „Was echt ist, das soll kommen, auch wenn es heut' krepiert."

Und Hertha Pauli? Sie entgeht nach einem leidenschaftlich romantischen Liebesabenteuer im Mondschein im Dorf Clairac, wo man sie „l'Autrichienne" nennt, wie einst Marie Antoinette, nur knapp der Deportation und flieht am 13. Juni 1940 nach Südfrankreich. In Lourdes trifft sie Franz und Alma Werfel. Über die Pyrenäen erreicht sie Lissabon, erhält mit der Hilfe von Varian Fry und des Emergency Rescue Committee einen Schiffsplatz und verlässt genau um Mitternacht vom 3. auf den 4. September an Bord der „Nea Hellas" Europa.

12. September: Ankunft in New Jersey. Einen Monat später erscheint im „Aufbau" in vier Folgen ihr „Tagebuch einer Flucht". Ihre Biografie „Alfred Nobel. Dynamite King. Architect of

Peace" hat großen Erfolg. Die Begegnung mit einem Amerikaner, der das Lied „Stille Nacht" für ein amerikanisches Volkslied hielt, führt dazu, dass sie die Geschichte des Liedes aufschreibt: „Ein Lied vom Himmel".

Nach Kriegsende unternimmt sie zahlreiche Europareisen und arbeitet für Zeitungen und Zeitschriften dies- und jenseits des Atlantiks. „Meine Muttersprache ist Deutsch, ich werde ihr niemals untreu!", sagt Hertha Pauli nach vielen Jahren in Amerika. Und sie schreibt ihre Bücher in zwei Sprachen – zuerst auf deutsch und dann auf englisch, oder umgekehrt.

Was blieb von ihrer Reise ohne Rückfahrschein? Erinnerungen und die lebenslange Sehnsucht einer Entwurzelten nach der fernen Heimatstadt, die sie 1952 erstmals und später immer wieder besucht: „Wenn ich die Augen schließe, dann kann ich immer eine ganz bestimmte Linie vor mir sehen. In weicher Rundung hebt sie zwei Silhouetten vom Himmel ab. Ich weiß, das ist der Kahlenberg und der Leopoldsberg, die Donau fließt ihnen zu Füssen. Der Strom umschlingt die Stadt Wien, die in die Landschaft eingebettet liegt, als sei er ihr in stets erneutem Liebesspiel verbunden."

Sie heiratet ihren Übersetzer E. B. Ashton, einen gebürtigen Münchner, der 1933 emigrierte und eigentlich Ernst Basch heißt. Die Ehe hält bis zu Hertha Paulis Tod 1973 im Southside Hospital in Bay Shore auf Long Island.

EIN KLEINER WIENER LEUTNANT

DER GENERAL AUS OBER-ST.-VEIT

Sigmund Freud. Bei ihrem prominenten Patienten scheitern die Ärzte des Cottage-Sanatoriums: Ihre Versuche, den herz- und krebskranken Vater der Psychoanalyse vom Nikotin abzubringen, sind erfolglos. Freud hat Mitte Februar 1926 mehrere Anfälle von Angina pectoris auf der Straße. Auf Anraten seines Freundes und Kardiologen Ludwig Braun unterzieht er sich vom 5. März bis zum 2. April einer „Herztherapie" in der Sternwartestraße 74. Und wird dort während dieser Wochen unter anderen auch von Arthur Schnitzler besucht.

Karl Kraus hat nur Hohn und Spott für das Nobelsanatorium für Nerven- und Stoffwechselkranke in Währing übrig, nennt es ein solides Hotel, „in dem der Gast sich wie zuhause fühlt, und wo man einmal dem Stubenmädchen läutet, zweimal dem Arzt und erst beim dritten Mal der Universitätsprofessor erscheint, um nachzusehen, um wie viele Kilo, Prozente oder Kapital der Herr von Nr. 213 abgenommen hat".

Giacomo Puccini besucht im Mai 1923 mehrere Vorstellungen der Wiener Staatsoper: „Josephslegende" und „Elektra" von Richard Strauss, Wagners „Walküre" und „Madama Butterfly", „Tosca" sowie „La Bohème". Als der Autoliebhaber ein halbes Jahr später mit seinem neuen Lancia wieder nach Wien kommt, logiert er von 9. Oktober bis 4. November im neuen Hotel Bristol.

Bei der Premiere der Jubiläumsaufführung von „Manon Lescaut", mit Lotte Lehmann und Alfred Piccaver, wird er gefeiert, „als ob ich der Kaiser oder der Kronprinz wäre“, wie er in einem Brief schreibt. Ab 25. Oktober verbringt der Komponist einige Tage im Cottage-Sanatorium, um seine Zuckerkrankheit behandeln zu lassen, bevor er nach Salzburg weiterreist.

Unter den Patienten waren der Schriftsteller Hermann Broch, der Architekt Adolf Loos, der Musikkritiker Julius Korngold und der serbische Schriftsteller Laza Kostić, der hier an seinem Lungenleiden verstarb – an ihn erinnert eine Gedenktafel am Haus. Auch der türkische Politiker Mustafa Kemal Atatürk soll sich 1918 hier aufgehalten haben.

Imposante Ausmaße hat das 1908 gegründete Sanatorium mit fünf Geschoßen, das aus drei verbundenen Pavillons in barockisierend-secessionistischen Formen besteht. Aber es verfügt nur über 76 Krankenzimmer. Der Rest der Räume dient den medizinischen Behandlungen, unter anderem physikalischen, elektro- und hydrotherapeutischen Kuren, Heißluft- und Fangobehandlungen und Sandbädern. Zum Komfort und Vergnügen der Patienten gibt es zwei Wintergärten, Rauchzimmer, eine Bibliothek mit Zeitschriften und Büchern in drei Sprachen, Billard-, Musik- und Schreibzimmer sowie zwei südseitig ausgerichtete Liegehallen mit großen Glasfenstern für Sonnenbäder.

Ganz am Ende des Währinger Cottage, in dem kleinen Park in unmittelbarer Nachbarschaft zum Sanatorium, der einst Meridianpark hieß, steht das Denkmal des Schauspielers Josef Kainz. Er selbst ruht auf dem nahegelegenen Döblinger Friedhof, dessen Baumwipfel von hier aus zu sehen sind. Das Kunstwerk des Wiener Bildhauers Alexander Járay zeigt den Tragöden als Hamlet in der Friedhofszene, über den Totenschädel des früheren Hofnarren Yorick gebeugt.

Bei seiner Enthüllung am 12. November 1911 umstrahlte der Glanz der Herbstsonne das Monument, um das sich Hunderte Freunde und Verehrer des im Jahr zuvor verstorbenen Künstlers

versammelt hatten. Felix Salten gedachte in seiner Festrede „an einen, dessen Spuren wir in dieser Welt noch überall finden, dessen Atem uns noch auf unseren Wegen anweht".

Viele Künstler und Wissenschaftler suchten im Währinger und Döblinger Cottage das komfortable Leben. Aber in die Sternwartestraße kam auch einer der berühmtesten Helden des viktorianischen Zeitalters zum Sterben. Hier fand am 6. Oktober 1932 eine abenteuerliche Lebensgeschichte ihr Ende. Sie klingt, als hätte Karl May sie erfunden.

Sie erzählt von einem Hallodri aus Hietzing, einem Buben aus Ober-St.-Veit, der die Schule abbricht, nach Ägypten und in den Sudan reist, der im Dienst der englischen Armee die Araberstämme am oberen Nil unterwerfen soll und mit nur 24 Jahren Gouverneur von Darfur wird. Er konvertiert zum Islam, gerät in die Hände des Mahdi und verbringt fast zwölf Jahre lang als Gefangener in Khartum. Nach seiner spektakulären Flucht wird er zum Bestsellerautor, zum „Darling" von Queen Victoria und zum mehrfach geadelten Salonlöwen.

Rudolf Carl Anton Slatin, Jahrgang 1857, war das vierte Kind einer zum Katholizismus konvertierten jüdischen Seidenfärberfamilie. Als der Schüler in der Handelsakademie erfuhr, dass ein Buchhändler in Kairo einen Gehilfen mit Fremdsprachenkenntnissen und kaufmännischer Ausbildung suchte, fuhr er kurzerhand nach Ägypten.

„Das hat sich weiß Gott keiner von uns träumen lassen, dass der, wenn auch sehr aufgeweckte und zu allen fröhlichen Streichen geneigte liebe Kamerad Rudolf Slatin, mit dem wir ein paar Jahre auf der Schulbank gesessen haben, dereinst ein weltberühmter Mann sein würde", schrieb der Wiener Journalist und Schriftsteller Siegfried Loewy, der mit Alexander Girardi und Johann Strauss Sohn befreundet war, der Felix Salten bei der Gründung des ersten österreichischen Kabaretts „Jung-Wiener Theater zum lieben Augustin" unterstützte und der sich für die Errichtung der Denkmäler für Ferdinand Raimund, Josef Kainz, Alexander Girardi und Johann Strauss in Wien einsetzte.

Afrika und das koloniale Abenteuer sind für Slatin vielversprechender als das Leben im kaiserlichen Wien. Kairo, damals Treffpunkt Abenteuerwütiger aus ganz Europa, um nilabwärts in die unbekannten Regionen des vermeintlich dunklen Kontinents vorzudringen, ist nur ein Zwischenstopp. Er schließt sich noch 1874 einer britischen Expedition in den Sudan an und bereist zwei Jahre lang das Land.

Nach einem Intermezzo bei der k. u. k. Armee als Leutnant der Reserve im 19. Infanterieregiment von Kronprinz Rudolf im Zuge der Besetzung Bosniens folgt er 1878 der Einladung des ebenso eigenwilligen wie brutalen englischen Generals Charles George Gordon, der in seiner Heimat seit dem Opiumkrieg 1860 in China eine Legende war und damals im Dienst des Khediven Gouverneur von Äquatoria in Lado stand: Slatin kehrt erneut nach Khartum zurück.

Dort macht er eine Blitzkarriere: Vom Finanzinspektor zum

Bezirksgouverneur von Dara, der Südwestregion von Darfur. Schließlich wird er zum Gouverneur der ganzen Provinz Darfur und zum „Bey“ befördert. Das Verwaltungsgebiet zwischen Sahara und Kongo ist so groß wie Frankreich, die politische Situation unklar. Slatin hat weder eine organisierte Zivilverwaltung noch eine schlagkräftige Armee.

Ein Aufstand, angezettelt vom Derwisch Mohammed Ahmed, der sich „Mahdi“ – „Auserwählter“, „von Gott Gesandter“ – nennt, stürzt das Land für Jahre in Blutvergießen und Terror. Slatins Soldaten sind zu schwach. Darfur ist nicht länger zu halten. Die Niederlage der ägyptischen Armee vor Augen, sieht er als einzigen Ausweg, zum Islam überzutreten. Slatin kapituliert. Der Mahdi macht ihn zum ranghöchsten Gefangenen, legt ihn in Ketten und präsentiert ihn als Trophäe.

In der Gefangenschaft kommt es zu einem makabren Wiedersehen mit General Gordon, der – wieder zum Generalgouverneur des Sudan ernannt – am 25. Januar 1885 in einem Gefecht getötet und zum Märtyrer von Khartum wurde. „Die Sklaven traten in meine Seriba, blieben mit grinsender Miene vor mir stehen, Schetta schlug das Tuch auseinander und zeigte mir – das Haupt General Gordons! … Die blauen Augen waren halb geöffnet, der Mund hatte seine natürliche Form behalten, das Gesicht war ruhig, die Züge nicht verzerrt“, schrieb Rudolf Slatin in seinen Memoiren „Feuer und Schwert im Sudan. Meine Kämpfe mit den Derwischen, meine Gefangenschaft und Flucht".

Nach dem Tod des Mahdi ist Slatin in der Gewalt des Nachfolgers Khalifa Abd Allahi. Als Gefangener, von den Arabern nun Abdel Kader genannt, mit eigenem Haus, Dienern und Konkubinen dieses unberechenbaren Wüstendespoten, muss er sich immer in seiner Nähe aufhalten und ihn auf allen Reisen begleiten, zunächst zu Fuß, bis ihm der Khalifa nach einer Verletzung ein Pferd schenkt und erlaubt, in seinem Gefolge mitzureiten.

„Obwohl der Khalifa ein grausamer und launenhafter Despot war, der nie auch nur eine Sekunde zögerte, wenn es galt, die rigorosesten Bestrafungen auszusprechen, musste ich meinen Stolz Tag für Tag, Jahr für Jahr im Zaum halten, ihm zu Diensten sein und ihm schmeicheln. Wenn er gut aufgelegt war, ließ er mir Geld zukommen, er lud mich zu sich zum Essen ein und legte Wert auf meinen Rat. Doch ich musste stets auf der Hut sein: Seine Stimmung konnte von einem Augenblick zum anderen völlig umschlagen."

Erst 1895 gelingt dem Ex-Gouverneur mithilfe des britischen Geheimdiensts die abenteuerliche Flucht auf Kamelen durch die brütende Hitze der Wüste. Mit wechselnden arabischen Führern ist er 24 Tage lang unterwegs von Omdurman bis zur anglo-ägyptischen Militärgarnison in Assuan.

Am 16. März 1895 sieht Rudolf Carl Slatin erstmals seit Jahren wieder britische Soldaten. Gerade einmal 37 ist Slatin – und ein erbärmlicher Anblick. Als die Soldaten ihn sehen, öffnen sie ihm die Tore zur lebenswichtigen Militärbasis zunächst nicht. Dabei ist Rudolf Carl Slatin einer von ihnen. Oder besser: Er war es, bevor er zum Islam konvertierte und sich selbst den aufständischen sudanesischen Milizen anschließen musste.

„Ein schmutziger kleiner Araber mit bloßen Füßen und einer schmierigen Kappe auf dem Kopf", notiert ein britischer Major nach Slatins Ankunft in seinem Tagebuch. Es dauert ein wenig, bis dem Garnisonskommandanten im ägyptischen Assuan klar wird, dass hier der „Österreicher" vor ihm steht, der als Generalgouverneur der südlichen Provinz Darfur einst einer der wichtigsten Männer des Sudan war – und dessen Flucht der britische Geheimdienst selbst organisiert hat. Am Abend wird er als Ehrengast in der Messe mit der österreichischen Kaiserhymne begrüßt.

Die spektakuläre Flucht aus der Gewalt des Khalifa macht Slatin mit einem Schlag weltberühmt. „Im gleichen Augenblick, als der mit Schmutz bedeckte kleine Araber Slatin die britische Offiziersmesse in Assuan betrat, wurde Sir Rudolf Freiherr von Slatin, der mit Orden bedeckte Liebling Europas im viktorianischen und edwardianischen Zeitalter, geboren", schrieb der britische Historiker und Journalist Gordon Brook-Shepherd in seiner Monografie „Slatin Pascha. Ein abenteuerliches Leben".

Kurz nach seiner Ankunft in Kairo ernennt ihn der Khedive zum Pascha und zum Oberst der ägyptischen Armee. Sein Buch „Feuer und Schwert im Sudan" wird zum Bestseller mit 13 Auflagen von 1896 bis 1921. Die englische Ausgabe widmet er Königin Victoria, die deutsche Kaiser Franz Joseph. Der kleine Wiener Leutnant wird ständiger Gast am Hof von Queen Victoria auf Schloss Balmoral, im Osborne House auf der Isle of White und in Windsor.

Er wird, geadelt und mit hohen britischen Orden ausgezeichnet, Brigadegeneral und auch von Kaiser Franz Joseph in den Ritterstand, den niedrigsten Adelstitel der Monarchie, erhoben. Er darf sich nun Rudolf Ritter von Slatin Pascha nennen und alle seine persönlichen Gegenstände mit einer fünfzackigen Krone schmücken.

Die nächsten Jahre pendelt Slatin Pascha zwischen dem Sudan, Ägypten und den europäischen Fürstenhöfen hin und her. Er ist Freund und Vertrauter zahlreicher Monarchen und Berühmtheiten und umjubelter Gast der Hocharistokratie und der feinen Gesellschaft.

Im Auftrag der britischen Regierung ist Sir Rudolf ab 1900 bis zum Beginn des Ersten Weltkriegs als Generalinspektor des Sudan Berater des Gouverneurs in Fragen der Verwaltung und im Umgang mit den Sudanesen. Als 1914 die Engländer Ägypten zwingen, Deutschland und Österreich den Krieg zu erklären, kehrt Slatin in seine Heimat zurück und wird Direktor der Kriegsgefangenenfürsorge in Russland.

1918 will der Sozialist Karl Renner nicht auf die exzellenten europäischen Kontakte des Monarchisten Slatin Pascha verzichten. Er wird Delegierter Österreichs bei den Friedensverhandlungen in Saint Germain. Und schließlich der Retter Wiens in bitterster Not: Renner bittet ihn, sich bei den Siegermächten für einen Nachschub an Heizmaterialien einzusetzen. Die Bevölkerung droht zu erfrieren: „Dies ist keine Frage von Tagen, sondern von Stunden!", lautet der verzweifelte Appell der österreichischen Regierung. Sir Rudolf lässt seine Beziehungen spielen, und die von den Tschechen an der Grenze zurückgehaltenen Kohlenzüge können endlich nach Wien rollen.

In Österreich lebt er abwechselnd in Wien und in Traunkirchen, wo er für seine unverheirateten Schwestern Marie und Leopoldine 1897 die Spitzvilla erworben hatte. Sie ist auch für ihn Refugium und stiller Zufluchtsort. In Ungarn geht er auf die Jagd, in Böhmen kurt er in Marienbad, oft gleichzeitig mit Kaiser Franz Joseph und König Edward.

In den Wintermonaten lädt er Berühmtheiten und Fürsten in sein Haus nach Khartum ein. Auch zahlreiche Repräsentanten österreichischer Adelsgeschlechter wie die Kinskys, die Auerspergs oder die Liechtensteins sind bei ihm zu Gast. Ägypten ist ein beliebter „Winterfluchtort" der reichen Europäer. Eine Fahrt nilaufwärts und ein Besuch bei Slatin Pascha in Khartum gehören zum Reiseprogramm.

Am 21. Juli 1914 heiratet der 57-jährige Sir Rudolf von Slatin Pascha die 41-jährige Alice Baronin von Ramberg in der Wiener Votivkirche. Ironie der Weltgeschichte: Nicht einmal drei Wochen vor der Hochzeit war der österreichische Thronfolger Franz Ferdinand in Sarajewo ermordet worden. Das Attentat setzt Europa in Brand und zerstört Slatins Welt für immer.

Die Hochzeitsreise geht nach Cortina d'Ampezzo in Südtirol. Am 12. August 1914 erfährt das Ehepaar Slatin in Triest von der Kriegserklärung Großbritanniens an Österreich-Ungarn. Slatin beschließt, seinem Vaterland Österreich und vor allem dem Kaiser zu dienen. „Ich bin überzeugt, richtig gehandelt zu haben", schreibt er ins Tagebuch. „Zuerst einmal bin ich Österreicher, und noch dazu Wiener. Als solcher ist es für mich unmöglich, einem England zu dienen, das sich mit meinem Vaterland im Krieg befindet."

Als seine geliebte Frau nach nur sieben Ehejahren stirbt, beginnt für Slatin der Winter seines Lebens. Die Tochter Anna Marie Helene, Jahrgang 1916, wird von einer britischen Nanny betreut. Als Kind ist sie mit ihrem verwitweten Vater oft in Großbritannien, wo er seine Freunde – viele davon mit klingenden Namen – aus der Sudan-Zeit besucht.

Sein letztes Heim findet der Witwer in Obermais in der Nähe von Meran in Südtirol. 1923 mietet er die „Villa Mathilde" in der Leichtergasse 12 und lebt dort mit seiner Tochter, außerdem im Haus seiner Schwestern am Traunsee, in Wien, in der Schweiz und in England.

1926 besucht er ein letztes Mal den Sudan und trifft dort den Sohn des Mahdi, den von den Briten in kolonialer Umarmung geadelten Sayed Sir Abd Al-Rahman Al-Mahdi. Am 7. Juni 1932 feiert Slatin seinen 75. Geburtstag. Die Welt erinnert sich noch einmal an ihn. Der österreichische Bundespräsident Wilhelm Miklas würdigt ihn in einem vier Seiten langen Brief. Wien verleiht ihm das Ehrenbürgerrecht.

Sein letzter großer Wunsch, seine geliebte Tochter am englischen Königshof präsentieren zu dürfen, geht noch in Erfüllung: Am 24. Juni 1932 sind Sir Rudolf und seine Tochter als Privatgäste seiner Majestät George V. und seiner Gattin Königin Mary zum Mittagessen im Buckingham Palast.

Auf dem Heimweg fliegt Slatin Pascha zum ersten Mal mit einem Flugzeug, gönnt sich einige Tage in Paris und fährt dann nach Bad Hall zur Kur. Von dort ans Wiener Cottage-Sanatorium überwiesen, wird festgestellt: Sein Tumor ist inoperabel. Als Rudolf Slatin am 4. Oktober 1932 stirbt, gleicht seine Beisetzung am Ober-St.-Veiter Friedhof einem Staatsbegräbnis.

Das Bezirksmuseum Hietzing bewahrt sein Schwert auf. In Traunkirchen steht die Spitzvilla, das Haus seiner unverheirateten Schwestern Marie und Leopoldine Slatin, heute ein Café und Restaurant.

Anna Marie bleibt nach dem Tod ihres Vaters in England. Ihre privilegierte Stellung erlaubt ihr ein sorgenfreies Leben. Sie heiratet drei Mal, 1943 den russischen Großadelsspross Major Prinz George Galitzine. Das Paar lässt sich 1954 scheiden, und Anna Marie heiratet 1956 Arthur Mountifort Longfield Ponsonby, 11th Earl of Bessborough. 1963 wird auch diese Ehe geschieden. Sie stirbt 2007 mit 91 Jahren.

Zwei ihrer Söhne, George und Alexander Galitzine, die in London leben, sind Protagonisten des österreichischen Dokumentarfilmes „Slatin Pascha – Im Auftrag Ihrer Majestät", der im Juni 2012 ins Kino kam. Regisseur Thomas Macho reiste mit Slatins Enkelsohn George Galitzine auf den Spuren des Generals aus Ober-St.-Veit durch den Sudan: „George sieht aus wie James Bond in Rente, sein Gesicht ist eine einzige Kraterlandschaft, seine Freunde nennen ihn ‚rubber face'. Er ist genauso humorvoll, abenteuerlustig und charmant wie es sein Großvater vermutlich war; die ideale Besetzung für unsere Zwecke."

AUGUSTE FICKERT

EINE VORKÄMPFERIN FÜR FRAUENRECHTE

Sie hat nichts unversucht gelassen, um bestehende Verhältnisse zu ändern. Auguste Fickert (1855–1910). Auf ihrem Denkmal im Türkenschanzpark unweit der Meierei steht die Inschrift: „Voll Mut und Tatkraft hat sie ihr Leben hohen Idealen dargebracht."

Die Lehrerin, Sozialreformerin und Frauenrechtlerin gehört wie Rosa Mayreder, Ida Baumann und Marie Lang zu den Frauen, die Wien bewegt haben – als Pionierinnen der bürgerlichen Frauenbewegung.

Das Frauenwahlrecht, eine Reform des Ehe- und Familienrechts, die Zulassung der Frauen zum Hochschulstudium, eine Schulreform und die Unentgeltlichkeit des Unterrichtes sind ihr ebenso Anliegen wie die Situation der Hausgehilfinnen, die Forderung eines Mutterschutzes und die Prostitution.

1893 gründet Auguste Fickert gemeinsam mit Rosa Mayreder, Maria Schwarz, Marie Lang und Marianne Hainisch den „Allgemeinen Österreichischen Frauenverein". 1895 eröffnet sie die erste Rechtsschutzstelle für mittellose Frauen in Österreich. Um die Jahrhundertwende widmet sie sich den Frauen im Staatsdienst, denn die Arbeitsbedingungen der neu eingestellten Telegrafistinnen und Postbeamtinnen sind prekär. Ihr Credo: „Wir müssen den Sklavensinn überwinden."

Tatsächlich sind die fortschrittlichen Frauen jener Zeit weder

exzentrisch noch militant. Sie bemühen sich um Gleichberechtigung und verbesserte Bildungschancen vor dem Hintergrund „neuer sittlicher Ideale“, die etwa nach Auguste Fickert vor allem in der Abschaffung der Lohnsklaverei und der Ausbeutung der Frauen durch Männer bestehen.

Die antisemitischen Tendenzen der Christlichsozialen unter Bürgermeister Karl Lueger kritisiert sie heftig, ihre Polemik richtet sich vor allem gegen das Heucheln katholischer Kreise. Sie selbst tritt übrigens aus der Kirche aus, ein Skandal für eine Lehrerin zur damaligen Zeit.

Zu den Strategien zur Durchsetzung der Forderungen der Frauen gehört die Bündelung der einzelnen Initiativen zum „Bund Österreichischer Frauenvereine“ im Jahr 1902. Stärkend wirkt sich auch die Internationalisierung der Bewegung aus. Der Kampf um höhere Bildung wird fortgesetzt. Im Wintersemester

1900/01 sind 2,3 Prozent der Studierenden in Wien weiblich. Eine politische Partizipation an der Macht scheint vor allem mit der Erlangung des Wahlrechts 1918 erreicht zu sein.

Noch kurz vor ihrem Tod 1910 initiiert Auguste Fickert das erste „Einküchenhaus": den „Heimhof", ein genossenschaftlich organisiertes Haus für berufstätige, alleinstehende Frauen mit zentraler Küche und Gemeinschaftsraum – eine Besonderheit unter den Wohnanlagen des „Roten Wien", weil er in seiner ursprünglichen Form gar nicht auf einer sozialdemokratischen Initiative, sondern auf bürgerlich-liberalen Ideen beruht.

Aber die Realisierung ihres letzten visionären Projekts in der Peter-Jordan-Straße 32–34 erlebt sie nicht mehr. Im ersten „Heimhof" können berufstätige Frauen die Hausarbeit gemeinsam organisieren und an gemeinsame Hausangestellte abgeben. Und die Döblinger Nachrichten schreiben im Oktober 1910: „Ein gemeinnütziger Verein hat hier die Lieblingsidee der im Vorjahr verstorbenen Frauenführerin Auguste Fickert in der generösesten Form zur Verwirklichung gebracht."

THEODOR SCHEIMPFLUG

DER VATER DES FLIEGENAUGES

Wem gelingt die Flucht aus dem Gefängnis Schwerkraft? Wer wird als erster zum Himmel fahren? Die Verwirklichung des ewigen Menschheitstraums vom Fliegen hat ein Datum: 4. Juni 1783. Mitten in der Hochphase der Aufklärung, die es sich auf die Fahnen geschrieben hatte, mit Aberglauben und magischem Firlefanz ein für alle Mal aufzuräumen, ereignete sich das Wunder: der erste unbemannte Aufstieg eines Heißluftballons der Brüder Montgolfier in Annonay über dem Tal der Rhône.

Kaum eine Errungenschaft hat in ihrer Epoche so viel Begeisterung ausgelöst wie der Coup der zwei unscheinbaren Papierfabrikanten aus der französischen Provinz. „Wer die Entwicklung der Luftballone mitgemacht hat", schrieb der 34-jährige Johann Wolfgang von Goethe, „wird ein Zeugnis geben, welche Sehnsucht in so viel tausend Gemütern hervordrang."

In der Fliegerei, denkt der Laie, gibt es im Wesentlichen drei Probleme. Wie komme ich hinauf? Wie bleibe ich eine Weile oben? Wie komme ich wieder hinunter? Die beiden Franzosen, die am 21. November 1783 in ihrer Montgolfière als erste menschliche Luftfahrer vom Boden abhoben und in den Himmel stiegen, beantworteten diese drei Fragen mit Bravour. Aber wie wir nur allzu gut wissen, tauchen mit jeder Lösung mindestens drei neue Probleme auf.

Ehe Ferdinand Graf von Zeppelin um 1900 sein Luftschiff, den „Zeppelin", konstruierte, unternahm man ein Jahrhundert lang alle Anstrengungen, den Freiballon lenkbar zu machen. Einen kuriosen Beitrag dazu leistete eine österreichische Erfindung: Der Wiener Buchhändler Jakob Kaiserer träumte in seiner phantastischen Schrift aus dem Jahr 1801 von einem Flug mit Adlergespann: „Ueber meine Erfindung einen Luftballon durch Adler zu regieren."

Seine schon von seinen Zeitgenossen wenig beachtete Idee, vielleicht vom Wiener Fiaker inspiriert, ist ebenso einfach wie realitätsfern. Kaiserer schlug vor, zwei starke Adler abzurichten, sie vor den Luftballon zu spannen und den Mann, der sein Reiseziel durch die Lüfte erreichen will, als Passagier und Kutscher in die Gondel zu setzen: Fahr' ma Euer Gnaden?

Wer fliegt, hat schöne Aussichten. Das ist heute eine Binse, aber eine erstaunlich junge Erfahrung. Für Theodor Scheimpflug war die Vogelperspektive noch ein Traum. Als der Blick vom Himmel auf die Erde nur für ein paar Handverlesene möglich war. Also 100 Jahre vor Google Earth. Lange vor den Aufklärungssatelliten und vor den Drohnen unserer Zeit, ferngesteuerten Fluggeräten, die mit Kameras ausgestattet sind.

Was unser heutiges Leben prägt, begann vor einem Jahrhundert. Als Visionär und Fotopionier experimentiert Scheimpflug, Jahrgang 1865, beim Türkenschanzpark und schreibt Geschichte. Der Kartograf, der von einem Ballon oder Drachen Landschaftsaufnahmen zur Kartierung der Erde durchführt, ist ein Idealist, der seinen Ärger hat mit engstirnigen altösterreichischen Beamten, und sich doch nicht unterkriegen lässt.

Die Welt dreht sich bekanntlich um sich selbst. Aber mancher ist ihr einen Schritt voraus. Die Ungenauigkeit der damals verfügbaren Seekarten ist Kapitän Scheimpflug ein Dorn im Auge. Früh erkennt er die maritime und militärische Bedeutung verlässlicher Karten. Aber mit seinen Ideen zur Umwandlung einer Fotografie in eine genaue Landkarte stößt er bei der Verwaltung der Monarchie auf Unverständnis. Wo wahlweise gilt: „Das haben wir immer schon so gemacht!" oder „Das haben wir noch nie so gemacht!" oder alternativ: „Da könnte ja jeder kommen!"

Nur der Gedankenflug ist frei. Und Scheimpflug seiner Zeit weit voraus. Vielleicht finden seine Ideen gerade deshalb vor allem in seiner Heimat wenig Unterstützung und Verständnis, im Ausland hingegen bald Anerkennung. Er hat als einer von wenigen einen klaren Blick durch das Fenster in die Zukunft, ohne die neuzeitlichen Errungenschaften selbst noch zu erleben.

Foto- und Flugtechnik stecken noch in den Kinderschuhen. Und als hätte er seinen frühen Tod mit nur 46 Jahren vorausgeahnt, sagt Scheimpflug: „Das einzige, was ich tun kann, ist, durch mein Beispiel die Mächtigen für diese Sache zu interessieren und für andere die Wege zu bahnen."

Wie sieht sie aus, die Welt von oben betrachtet? Angenommen, einer wüsste nichts, was würde er sehen? Getue, Gerenne, Gewimmel? Lächerlich, schön, chaotisch? Völkerwanderungen, Ameisenstraßen, Mitläufer, absurdes Theater?

Die Luft ist ein Meer. Diese Vorstellung hatte sich seit den ersten Ballonentwürfen tief eingeprägt. Und Scheimpflug richtet als Marineoffizier naturgemäß den Blick darauf, was vor ihm liegt. Er, Mitarbeiter am Militärgeographischen Institut in Wien, will sich ein Bild und uns Bilder machen vom bisher Ungesehenen. Zur Orientierung. Er beschäftigt sich mit den Problemen der Landvermessung aus der Luft.

Als eine der wesentlichsten Voraussetzungen für die Verwendung von Luftbildern entwickelt er um 1900 die nach ihm benannte Scheimpflug-Regel und eine Technik, um perspektivische Verzerrungen auszugleichen. Das spielt in der Aufnahmetechnik und in der Architekturfotografie bis heute eine große Rolle, um stürzende Linien, verzerrte Kanten und abfallende Schärfe an lang gestreckten oder hoch aufragenden Gebäuden zu vermeiden.

Zu seiner Zeit ist die Technik der Fotografie zwar nicht mehr jung, aber noch in der Pionierphase: 60 Jahre nach der Erfindung der Daguerreotypie, der Ablichtung auf Silberplatten beziehungsweise versilberten Kupferplatten, als Vorläufer der Fotografie in Paris. Die chemische Fixierung von Schattenbildern, produziert mit einer Camera Obscura, ist der letzte wichtige Schritt zur Geburt der Fotografie.

Nach einer Meldung in der „Wiener Zeitung" am 22. Jänner 1839 lässt Staatskanzler Fürst von Metternich seinen Pariser Botschafter alle verfügbaren Informationen darüber sammeln und schickt den Wiener Physiker Andreas von Ettinghausen nach Paris. Der macht sich mit der Technik vertraut und kommt mit einer Kamera samt Zubehör nach Wien zurück.

Der Arzt Dr. Richard Leach Maddox, der 1871 Bromsilber mit Gelatine vermengt, ist der Erfinder von Trockenplatten. Deren Empfindlichkeit wird durch ein Verfahren von Charles Benett ein paar Jahre später nochmals um das Zehnfache gesteigert. Auf dieser fotografisch-technischen Basis entsteht die Fotogrammetrie, die zum Vermessen von Gebäuden und Kunstdenkmälern, später auch für die Geländevermessung eingesetzt wird.

Genau zwischen Pionierzeit und Aufbruch ins Technikzeitalter steht Scheimpflug als Erfinder von Apparaten wie Panoramakammer, Fotoperspektograf und Doppelprojektor. Er gilt als

Begründer der „Aerofotogrammetrie“, deren Ziel es war, die Oberfläche der Erde mithilfe geeigneter luftfotografischer Aufnahmen möglichst genau auf Landkarten abzubilden.

Eine Voraussetzung dafür ist die schrittweise verbesserte Empfindlichkeit des Aufnahmematerials. Chlordämpfe, auf die Jodschicht der Platten aufgebracht, verringern die Belichtungszeit zunächst von fünfzehn auf fünf Minuten. In Wien entdecken Johann und Josef Natterer, dass die Elemente Chlor, Brom und Jod noch mehr Lichtempfindlichkeit ergeben. Parallel dazu werden Objektive mit mehr Lichtstärke entwickelt.

Die allerersten Luftbilder schießt James Wallace Black 1860 von Boston aus 370 Metern Höhe. Aber einfach in die Luft aufsteigen und fliegen wie ein Vogel, das war noch Jahrzehnte ein fast unüberwindbares Hindernis.

Otto Lilienthal – der Vater aller Piloten – schaut stundenlang den Möwen zu, wie sie mit geringen Drehungen ihrer Flügel die Ungleichmäßigkeiten des Windes ausbalancieren. Er beobachtet das Flattern des Sperlings, das Gleiten der Schwalbe, studiert die Albatrosse und hält sich Störche auf dem Kamin. Den Vogelflug auch für die Menschen möglich zu machen, ist seine fixe Idee. „Der Vogelflug als Grundlage der Fliegekunst“ erscheint 1889 in der Erstausgabe.

Er entwickelt und verbessert ein Modell nach dem anderen. Er schüttet einen 15 Meter hohen Berg auf, von dem er mit seinem Flügelschlagapparat abhebt in die Luft. Der Mann wird ein Vogel und löst das Problem des Fliegens, indem er das Fliegen den

Vögeln abschaut – bis zu seinem tödlichen Absturz 1896. Er scheitert an seiner Unfähigkeit, in der Luft eine Kurve zu drehen. Doch ohne ihn würde vielleicht heute noch keiner am Himmel herumkurven.

Wer Fliegen lernen will, der muss erst stehen und gehen und laufen und klettern lernen, war die Einsicht von Friedrich Nietzsche. Denn man erfliegt das Fliegen nicht. Scheimpflug konstruiert Flugdrachen, robust genug, um das Gewicht von Spezialkameras tragen und so Luftaufnahmen machen zu können. Der Verschluss wird durch drahtlose Funksignale ausgelöst.

Die ersten Probeflüge führt der Himmelstürmer am Stadtrand von Wien beim Türkenschanzpark durch. Und macht eine Erfahrung wie der 1896 tödlich abgestürzte Gleitflieger Otto Lilienthal: „Eine Flugmaschine zu erfinden, bedeutet wenig. Sie zu bauen nicht viel. Sie zu versuchen alles." Als ein Riesendrachen, ausgestattet mit einer sündteuren achtfachen Aerokamera, durch ein rasch aufziehendes Gewitter abstürzt und zerschellt, gerät Scheimpflug, dessen Versuche von keiner öffentlichen Stelle gefördert werden, in ernste Geldnöte. Und hat Glück im Unglück.

Das Erbe eines Vermögens nach dem Tod seines Vaters, eines Bankdirektors, enthebt ihn 1899 aller materiellen Sorgen. Seine Ideen haben plötzlich wieder viel Raum zum Wachsen. Mit dem Geld ist er in der Lage, sich die Villa in der Sternwartestraße 39 zu kaufen, im Erdgeschoß Werkstätten für den Bau weiterer Drachen einrichten und Spezialkameras konstruieren und anfertigen zu lassen. Er kann nun unabhängig seine kostspieligen Pläne verwirklichen.

Seine Lebensaufgabe ist fortan, Pläne auf Basis von Luftbildern zu erstellen. Bald erzielt Scheimpflug einwandfreie geodätisch verwertbare Fotografien aus großer Höhe, ohne die zu der Zeit recht kostspieligen Ballonfahrten unternehmen zu müssen. Er entwirft spezielle Panoramaapparate, die ein extrem großes Aufnahmefeld erfassen.

Die frühen Luftbilder erregen Staunen. Der Blick aus Wolkenhöhe eröffnet neue Horizonte. Die nie gesehene Perspektive offenbart ein anderes Bild von der Welt, wenn nicht gar ein neues Weltbild. Der Reiz des noch nie Gesehenen, des schwindelerregend Sensationellen haftet den ersten Fotos aus der Vogelperspektive auch noch anderthalb Jahrhunderte nach ihrer Erfindung an. In puncto Präzision verhelfen sie im Lauf der Zeit den Wissenschaften zu einem Quantensprung: von der Kartografie über die Kriegstechnik bis hin zu Archäologie und Ethnologie.

1904 lässt sich Scheimpflug in den Ruhestand versetzen, also von militärischen Aufgaben entbinden. Zwei Jahre später stellt er der Welt auf der Imperial Austrian Exhibition in London seinen neuesten Fotoperspektografen vor.

Da waren am Himmel noch keine windschnittigen Fluggeräte unterwegs, es schwebten vielmehr sanft dahingleitende Luftfahrzeuge durch ein Wolkenmeer. Scheimpflug unternimmt 1907 selber, begleitet von seiner Frau Emmy Neumann, mehrere Fahrten mit einem Freiballon, an dessen Gondel ein achtfacher Panoramaapparat montiert ist. Er startet im Osten Wiens, in der Nähe von Fischamend, wo der Aeroklub in einem großen Hangar den Wasserstoffballon für den Einsatz seiner Aerokamera, die er „Fliegenauge" nennt, aufbewahrt.

Das Ziel seiner Ballonfahrten ist es, Erfahrungen über Blendeneinstellung und Belichtungszeit zu sammeln und verschiedene Plattensorten zu erproben. Scheimpflug erkennt schon früh, dass für die Aerofotogrammetrie lenkbare Luftschiffe nötig sind. Und ist deshalb auch ein genauer Beobachter der neuesten Entwicklungen auf diesem Gebiet.

Fischamend ist eine Wiege der österreichischen Luftfahrt. 1909 wird hier das erste lenkbare Militärluftschiff, „M1" oder „Parseval" genannt, in Dienst gestellt: 50 Meter lang, 2.400 Kubikmeter Wasserstoff Inhalt. Ein Daimler-Motor mit 70 PS erreicht an die 45 km/h Geschwindigkeit, vier Personen können befördert werden.

Am 29. Juli 1909, in aller Herrgottsfrühe, überquert Louis Blériot als erster Pilot in einem Flugzeug den Ärmelkanal. Bei einer durchschnittlichen Flughöhe von 100 Metern dauert der Flug von Calais nach Dover 37 Minuten.

Der Franzose sitzt auch im ersten Motorflugzeug, das am 23. Oktober desselben Jahres – an einem prachtvoll schönen Herbsttag – am Himmel über Wien erscheint. Zu Blériots Flugvorführung auf der Simmeringer Heide kommen 300.000 Schaulustige. Und neben Erzherzogen sogar Kaiser Franz Joseph. Was mag er, der noch die ersten Eisenbahnen gesehen hatte, empfunden haben beim Schauflug des Franzosen?

Der bedeutendste Flugpionier Österreichs kam aus Böhmen und war der Sohn von Textilfabrikanten: Igo Etrich. Wahrscheinlich kannte Scheimpflug sogar die von ihm im Winter 1909/1910 entwickelte Etrich-II-Taube, eines der ersten in größerer Stückzahl gebauten Motorflugzeuge. Mit dem Überlandflug Wien – Horn – Wien über rund 140 Kilometer am 10. Oktober 1910 erringt Etrichs Werkpilot Karl Illner den mit 20.000 Kronen (75.000 Euro) dotierten großen Preis der Stadt Wien. Die Maschine hat bis in den Ersten Weltkrieg hinein auch Bedeutung als Militärflugzeug.

Mit dem Luftschiff „Parseval" unternehmen die Aeronauten von Fischamend aus viele erfolgreiche Erprobungsfahrten, eine am 1. Dezember 1909 mit rund 260 Kilometern über Wien nach Pressburg und wieder zurück. Ein Jahr später fährt der „Parseval" bis nach Budapest – die bis zu diesem Zeitpunkt längste Strecke.

Scheimpflugs Thema bei der 1. Internationalen Luftschifffahrtsausstellung in Frankfurt am Main 1909 ist „Vermessungsarbeiten in den Kolonien". Er hofft auf das Interesse der Zeppelin Gesellschaft und des Deutschen Kolonialamtes. Brasilien lockt mit einem Auftrag. Aber zur geplanten Erkundungsreise im Sommer 1911 und zum Vertragsabschluss kommt es nicht mehr. Am 22. August stirbt Scheimpflug plötzlich in der Vorderbrühl.

Er erlebt nicht mehr, wie der Zeppelin beim Asperner Flugmeeting zwei Jahre später in Wien landet und enthusiastisch gefeiert wird.

Wie im allgemeinen Fliegerrausch die Operette „Der fliegende Rittmeister" von Hermann Dostal entsteht – mit einem Fliegermarsch und der geistreichen Feststellung im Refrain: „In der Luft, in der Luft fliegt der Paprika, auf zum Himmel, Himmel, Himmel, hipp hurra!"; wie der Erste Weltkrieg zu einem rasanten Aufschwung der Luftfahrt – also auch der Luftbildfotografie – führt, Flugfelder, Eismeere, Menschenmengen und Monumente – all das scheint aus der Vogelperspektive plötzlich fremd und aufregend.

Und Scheimpflug erlebt auch nicht mehr die Katastrophe von Fischamend am 20. Juni 1914: Als bei einem Zusammenstoß des Körting-Luftschiffes „K1" mit einem Fahrmann-Doppeldecker alle neun Besatzungsmitglieder ums Leben kommen. Das Flugzeug hatte in einem kühnen Flugmanöver den Ballon gestreift und dessen Außenhaut aufgerissen. Durch eine Stichflamme verwandelt sich der Ballon in einen Feuerball und stürzt aus 400 Metern Höhe ab. Es ist das schwerste Unglück in der kurzen Geschichte der k. u. k. Luftfahrt. Kurz danach geht die Ära der Ballone und Luftschiffe in Fischamend zu Ende.

„‚Die Toten schweigen' heißt der Titel einer österreichischen Meisternovelle", ist in der „Neuen Freien Presse" zu lesen. „Unter der Devise ‚Die Toten schweigen' wird die Ballonkatastrophe von Fischamend in der Geschichte der Aviatik verzeichnet werden. Dieser Zweikampf zwischen Luftballon und Aeroplan, der sich in den Lüften nächst Fischamend abspielte, hat keine überlebenden Zeugen."

Nur eine Woche später führt das Attentat von Sarajewo auf den Thronfolger Österreich-Ungarns, Erzherzog Franz Ferdinand, und seine Gemahlin Sophie Chotek zu einer noch viel größeren Katastrophe.

ALFONS GABRIEL
DER WÜSTENFORSCHER

Es ist ja nicht wichtig, wer du bist. Aber irgendwann wird dir irgendwas passieren und dein Leben wird sich verändern, dramatisch und für immer. Beim 18-jährigen Alfons Gabriel ist es eine Reise nach Nordafrika.

Die Wüste dort hat in ihm, wie Robert Louis Stevenson es ausdrückt, „eine jungfräuliche Stelle des Empfindens berührt". Als Gymnasiast mit Interesse für Naturwissenschaften und Erdkunde bricht er mit seinem gesparten Taschengeld und ohne Wissen seiner Eltern von Wien über Kairouan ins Sendimentbecken Schott el Dscherid im Süden Tunesiens auf. Die Reise in die Sahara 1912, die „Pracht der Erde vor der Schöpfung der Lebewesen", lässt ihn sein ganzes Leben nicht mehr los.

Das ewige wiederkehrende Spiel von Licht und Schatten, die Imagination vom Fauchen des Windes und vom ständigen Rieseln des Sandes, die magischen Spiegelungen der Landschaften in den glatten Oberflächen der Seen, die Topografie, die morgen schon ganz anders aussehen kann, faszinieren ihn. Und die absolute Stille im Nichts. Es ist so still, dass man das eigene Herz schlagen hört.

Große Gefühle, auch wenn man sich dabei ganz klein fühlt, sind sicher nicht der schlechteste Grund, um in die

Wüste zu gehen. „Ich träumte von freien Wanderungen in unberührten Fernen und, wie im Bann einer unbestimmten Hoffnung, war ich nur von dem Wunsch erfüllt, das Nahe und Vertraute gegen das Fremde und Ungewisse zu tauschen."

Alfons Gabriel liest das Tagebuch von Julien Viaud, der sich als Schriftsteller und Zeichner Pierre Loti nannte: In der Belle Époque, auf dem Höhepunkt seines Ruhms in einem Atemzug mit Alphonse Daudet, Anatole France und Gabriele D'Annunzio genannt, ist der französische Marineoffizier 1904 zwei Monate in Persien. Er ist ein Poet des Umherschweifens, ein Beschwörer des Außerordentlichen, und bringt in der Ferne den feinen Staub der Vergänglichkeit, der über allem Irdischen liegt, zum Flimmern:

„Auf der Erde befinden sich noch Plätze, die keinen Rauch, keine Maschinen, keinen Dampf, keine Hast, die keine Eisenwerke kennen. Und von allen Winkeln der Welt, die die Geißel des Fortschritts verschont hat, kann gerade Persien sich rühmen, die schönsten zu besitzen."

Paradox, dass das im Sommer von Pflanzen wie Blauregen überwucherte Haus in der Hasenauerstraße 6 in Wien Währing ausgerechnet Domizil eines Mannes war, der sich für nichts mehr als für die Wüsten der Erde interessierte: Bei seiner dritten Expedition durchquert Alfons Gabriel 1937 als erster Europäer in sechs Tagen, begleitet von fünf Einheimischen mit acht Kamelen, die brennend heiße Wüste Lut im damals unbekannten Persien, als Kamele noch Kamele waren. Anschließend besuchen Gabriel und seine Frau die Notstandsgebiete Hudiyan und Sarhadd in Balochistan, entdecken dort Reste alter Steinbauten und durchqueren schließlich noch die Khwasch-Wüste in Südafghanistan.

Genauso paradox, dass der österreichische Arzt und wohl einer der letzten Forschungsreisenden klassischen Stils in seinem eigenen Land ein Unbekannter blieb und im Iran bis heute eine Legende ist, die jeder kennt.

Alfons Gabriel, 1894 in Böhmen als Sohn eines k. u. k. Armeegenerals geboren, studiert an der Universität Wien Medizin und landet als Tropenarzt unter anderem in Batavia auf Java, in China und im niederländischen Regierungsdienst auf der Insel Bonaire in Westindien in der südlichen Karibik. Daneben unternimmt er Reisen zu den Indianern Südamerikas. Im Jahr 1925 kehrt er nach Europa zurück und erwirbt an der Universität Groningen das niederländische Arztdiplom. Ein Jahr später übernimmt er die ärztliche Betreuung von indonesischen Mekkapilgern, die er aus ihrer Heimat bis nach Djeddeh begleitet.

Er ist ein Besessener im Dienste der Wissenschaft – stets mehr Forscher als Arzt. 1938 wird er Ehrenmitglied der Geographischen Gesellschaft, 1947 Dozent und schließlich Professor an der Hochschule für Welthandel in Wien, geehrt von der Royal Geographical Society in London, wo auch sein Buch „The Southern Lut and Iranian Baluchistan“ erscheint.

„Eisern hält die Wüste den fest, der ihrem Bann einmal verfiel“, notiert Gabriel. Die Wüste hat ihn mehr fasziniert als jede andere Landschaft der Erde. Sie ist ein Machtwort der Natur. Sie lässt den Erdball auf einem Drittel seiner Landfläche entweder vereisen oder vertrocknen. Aber sie hat mehr als ein Gesicht. Wüste ist nie gleich Wüste. Aber jede Wüste hat etwas Metaphysisches. Diese Leere, das Anorganische verbindet uns mit dem All, mit dem Universum.

Das endlose Meer aus Sand und Stein im Herzen des heutigen Iran ist ein besonders ungastliches Terrain: staubtrocken, erbarmungslos heiß und gefährlich. Riesige bizarre Becken entstanden durch Drift und Kollision der Kontinentalplatten. Oasen sind nur spärlich gestreut. Hier lagen zahlreiche Etappenziele der einst so berühmten und wichtigen Handelsstraße, der Seidenstraße, wo auch Gewürze, Porzellan und andere Waren gehandelt wurden, wo Abenteurer, Händler und Forscher im Schutz der Lehmmauern alter Karawansereien Rast suchten.

Menschenleer und abgeschieden und doch von berauschender Schönheit ist die Salzwüste Kavir im iranischen Hochland zwischen den großen Gebirgen des Elburs und Zagros. Niederschlag fällt hier kaum, weil das Areal im Regenschatten der Gebirge liegt. Die wenigen Tropfen, die trotzdem fallen, verdunsten extrem schnell. Im Sommer klettern die Temperaturen auf über 50 Grad. Das Gebiet ist einer der lebensbedrohlichsten und sterilsten Orte der Welt und daher weitgehend unbewohnt.

Wenige Regionen der Erde sind so schwer zugänglich, so lebensfeindlich – und so faszinierend. Alfons Gabriel fährt zum ersten Mal 1927/28 mit seiner Frau Agnes Kummer in diese unwirtliche Weltgegend mit ihren wundersamen Landschaften. Sie haben sich die Expedition vom Mund abgespart.

Warum sich jemand solche Strapazen antut? Schwer zu sagen. Vielleicht hat sie das „Lied der Wüste" angelockt, jener obertonreiche Basston, der entsteht, wenn Sandkörner über Hunderte Meter hohe Dünen hinabrieseln. Viele, die nur auf der schnellen Durchreise sind, hören ihn nicht. Es braucht Zeit, bis sich das Ohr auf so ungewohnte Feinheiten einstimmt.

„Wir stoßen ab in das unberührte Meer des Nichts, einem leeren Horizont entgegen, und sonderbar wird uns zumute", schreibt Gabriel. Am Rande der Wüste stehe man „am Saum einer ganz und gar anorganischen Welt, die aus dem Kreislauf des Lebens ausgeschieden ist".

Als erste Weiße betreten die Gabriels Anguran, den Hauptort des südiranischen Berglands: „Wir bemühen uns im engen Umgang mit Land und Leuten, tiefer in den Geist dieser Gebiete einzudringen." Sie finden alte verschollene Handelspfade sowie Marco Polos Route durch Innerpersien aus dem Jahr 1271.

„Etwa 20 km hinter dem Lager beginnt das ‚Weiße Salz'. In großartiger Ausbildung dehnt sich hier flacher Salzscheibenboden. Die Kavir leuchtet blendend weiß wie ein zugefrorener See, wenn man sie von oben betrachtet. Sie ist aber missfarbig und gefleckt, wenn man flach über sie hinsieht, denn alle noch so kleinen Unebenheiten und Vorsprünge, vor allem die Ränder der Vielecke, die sich hoch aufwulsten, hat Staubanflug mit schmutzigem Grau überzogen."

Für Gabriel ist die Kavir eine Landschaft, die sich unauslöschlich ins Gedächtnis prägt: „Wie eine milchige Glocke steht der Himmel über der blanken Leere."

Hart ist das Leben der Einheimischen. „Die Hitze im Sommer und die Kälte im Winter, die Dürre, die Sandstürme, die ständige Suche nach Wasser und Gras … Die Beduinen sind abhängig von der Wüste, die von ihnen alles fordert, alles nimmt, aber wenig gibt." Alfons Gabriel schenkt sie die Erkenntnis: Angesichts einer großen Natur verlieren sich vergängliche persönliche Erlebnisse.

Von der berühmten persischen Gastfreundschaft und drei Jahren Forschungsfahrten in Wüsten und Steppen berichtet das Buch „Weites Wildes Iran". Eine unwirtliche Weltgegend ist auch die Sandwüste Lut im Osten, bei der es zu großen Sandverschiebungen mit über 200 Meter hohen Dünen kommt. Nach Satellitenaufzeichnungen der NASA lag die Temperatur in der Lut im Jahr 2005 bei 70,7 Grad, die höchste jemals auf der Erdoberfläche gemessene Temperatur. Hier überleben nicht einmal Bakterien.

Seit das Kamel im zweiten Jahrtausend vor Christus gezähmt wurde, wagt sich der Nomade in die Wüste. Der schwedische Forscher Sven Hedin hat 1906 nur die Randzonen bereist. Aber Alfons Gabriel gelingt es als erstem Europäer 1937/38, die südliche Lut, eine der lebensfeindlichsten Regionen der Welt, zu durchqueren.

Er erkundet unter großen Schwierigkeiten ein bisher der geografischen Wissenschaft völlig unbekanntes Gebiet in der Größe Belgiens, nachdem er bereits bei seiner zweiten Expedition 1933 das ausgedehnteste Sandmeer Persiens mit den höchsten Sanddünen der Erde bereist hatte.

Die Luft von Abenteuer, Sturm und Weite liegt über der Wüste, berichtet Gabriel. „Hoffnungslos erstreckt sich das Land und zerfließt ins Unbekannte. Nirgends ist ein Ruhepunkt in dem grellen Nichts; alles flimmert und flackert."

Am „Vormittag beginnt die Sonne kräftig zu stechen. Wir halten, um den Kamelen Häcksel mit Baumwollsamen geben und Tee aufgießen zu können. Notdürftig richten wir uns mithilfe einiger Stöcke und zweier Mäntel etwas Schatten her. Der Boden glüht; die Temperatur steigt im Schatten auf 39 Grad Celsius."

Die Karawane bewältigt an einem Tag 20 Kilometer. Groß sind die Strapazen in den unendlich weiten Sanddünnen, in der flirrenden Sonne und erbarmungslosen Hitze. Nach einem fast zehnstündigen Ritt wird gehalten. „Deutlich fühlen wir, dass es eine sehr böse Wüste ist, in die wir geraten sind. Wiewohl wir schon den 2. Oktober schreiben und es noch früh am Vormittag ist, schlagen uns wie von einem Feuer glühend heiße Luftwellen entgegen. Jeder kleine Handgriff kostet Überwindung."

Alfons Gabriels Anthologie seiner Reisen, „Fremde Meere, Dschungel und Wüsten", entsteht 1945 aus Tagebuchnotizen zwischen Krankenbesuchen des in Leobendorf bei Korneuburg praktizierenden Landarztes, als sich durch schwere Luftangriffe über der Heimat bereits das Kriegsende abzeichnet. Es ist nicht leicht, das Manuskript über die turbulenten Zeiten zu retten: Erst wandert es „im Luftschutzkeller von Unterstand zu Unterstand". Dann wird es bei Annäherung der kämpfenden Truppen unter einem jungen Apfelbaum im Garten vergraben.

„Aber gerade hier hielt die Kampflinie, und angesichts der fortschreitenden Verwüstung blieb, ungeachtet aller Gefahren, nichts übrig, als das Manuskript in finsterer Nacht aus der von Schützengräben und Granattrichtern durchwühlten Erde wieder auszugraben und dort zu bergen, wo glückliche Umstände trotz Krieg und Plünderung die Vernichtung verhinderten."

So bilanziert Gabriel über die Schrecken und die Herrlichkeiten einer seiner schwersten Wüstenwanderungen: „Vier Tage und vier Nächte hat uns die Lut in ihrem Bereich festgehalten; vier Tage und vier Nächte haben wir ihren erstickenden Atem eingesogen; vier Tage und vier Nächte sind wir als das einzig Lebende durch ihre totstumme, mörderische Einsamkeit gewandert. Aber nichts von dem, was wir in der harten Zeit erlitten haben, möchten wir aus unserem Leben streichen."

LUDWIG BOLTZMANN
DER ÜBERZEUGTE ATOMIST

Am 5. September 1906 nahm sich der bedeutendste Physiker Österreichs während eines Sommeraufenthaltes mit seiner Familie in einem Kurhotel im italienischen und damals österreichischen Duino bei Triest das Leben, dort, wo Rainer Maria Rilke sechs Jahre später die „Duineser Elegien" schuf.

Ludwig Boltzmann (1844–1906) war überarbeitet, seine depressiven Schübe verstärkten sich. Der 62-jährige Wissenschaftler, der im Lauf von vier Jahrzehnten Professor für Mathematik, Experimentalphysik, Theoretische Physik und Naturphilosophie war, verzweifelte zuletzt an den eigenen hohen Ansprüchen.

Boltzmanns Thermodynamik war für die Physik ähnlich revolutionär wie Darwins Evolutionstheorie für die Biologie. Er war der Hauptvertreter der mechanischen Wärmetheorie, die Wärmephänomene durch die ungeordnete Bewegung von Atomen erklärt. Boltzmanns Einfluss auf nachfolgende Generationen war groß.

Der Physiker Peter Maria Schuster erklärt ihn so: „Der Zusammenprall zwischen der Idee einer irreversiblen, in die Zukunft gerichteten Zeit und der ‚zeitlosen' Zeit der klassischen Physik, der Zusammenprall zwischen Dynamik und Entropie riss innerhalb der Wissenschaft tiefe Gräben auf."

Von 1902 bis zu seinem Tod lebte Boltzmann mit seiner Frau Henriette von Aigentler, mit der er fünf Kinder hatte, in der Haizingergasse 26 in Währing und war glücklich in seinem Heim, das er nach seiner Rückkehr aus Leipzig auf kuriose Weise

erworben hatte. „Ich ging in den Laden und fragte: Haben Sie noch ein Häuschen?", berichtete er später. „Die sagten: Ja. Ich fragte: Was kostet's? Die sagten den Preis, ich bezahlte und ging. Und ich hatte ganz vergessen, nach der Adresse von meinem Häuschen zu fragen."

THEODOR LESCHETIZKY
DER BERÜHMTESTE KLAVIERLEHRER DER WELT

Die „New York Times“ meldet am 20. Juni 1908 aus Wien: Theodor Leschetizky, 78, hat zum vierten Mal geheiratet – Marie Gabriele von Rozborska, 25, die Tochter eines polnischen Adeligen. Sie ist eine Schülerin des berühmtesten Klavierlehrers seiner Zeit. Er ist ein feuriger, von Geist und Temperament übersprudelnder Pole aus Lemberg, auch wenn ihn eine Gedenktafel in Währing fälschlich als „russischen Pianisten“ bezeichnet.

Leschetizky ist Wahlwiener seit 1878. Sein Credo: „Kein Leben ohne Kunst, keine Kunst ohne Leben.“ Die Donaumetropole kennt er bereits, seit er hier als Kind bei Beethovens Freund Carl Czerny Klavier gelernt hat. Franz Liszt, ebenfalls ein Czerny-Schüler, wird ein enger Freund Leschetizkys, der mit 14 Jahren erstmals Musikunterricht gab.

Auf Einladung seines Freundes Anton Rubinstein geht er 1852 nach St. Petersburg, um am Hof der Großfürstin Jelena Pawlowna zu unterrichten. Zehn Jahre später wird er Professor für Klavier am von ihm mitbegründeten Musikkonservatorium von St. Petersburg, startet eine glänzende Pianistenkarriere und findet: „Dirigieren ist nicht schwer. Es ist schwerer, sechs Takte gut am Klavier zu spielen als die ganze neunte Symphonie von Beethoven zu dirigieren.“

1878 übersiedelt er nach Wien. Mit der zweiten seiner vier Ehefrauen, zugleich eine seiner berühmtesten Studentinnen, Annette Essipowa, hat er zwei Kinder. Sein Sohn Robert zieht nach dem Tod Leschetizkys 1915 in Dresden nach Bad Ischl, wo der Klavierpädagoge mehr als 30 Sommer verbracht hat. Seinen Freund Johannes Brahms sah er öfter in Ischl als in Wien.

Seine „Villa piccola" in Ischl „war wie ein Taubenschlag, in welchem die flügge werdende Klavierjugend beiderlei Geschlechts munter aus und einflog", berichtet der Brahms-Biograf Max Kalbeck. „Die hübschen Weiberchen schwänzelten und trippelten um ihren allgeliebten Lehrer herum und beneideten die legitime Gebieterin seines Herzens, die graziöse, leidenschaftliche Chopinspielerin Annette Essipoff."

Über eines der Wiener Konzerte, bei dem Anton Rubinsteins Klavierkonzert d-Moll (op. 70) und Franz Schuberts Klaviertrio B-Dur (op. 99) auf dem Programm standen, schreibt Eduard Hanslick: „Mit einer für eine zarte Frau ganz ungewöhnlichen Kraft, wie wir sie nur noch bei Sophie Menter gefunden, packte Frau Essipoff das Rubinsteinsche D-moll-Concert mit einem Sturm von Octavengängen, ließ es im Andante in den zartesten Silberfäden schimmern und führte es im Finale triumphirend auf die Höhe."

Aus Wien schreibt Johannes Brahms im November 1873 an den Münchner Dirigenten Hermann Levi: „Wenn Ihr eine Pianistin brauchen könnt, empfehle ich sehr Fr. Leschetizky, frühere Annette Essipoff. Sie ist im Begriff, hier einigen Spektakel zu machen. Sie ist so unmusikalisch wie alle Klavierspielerinnen, spielt aber gehörig und ist ein Frauenzimmer, mit dem man's ohne Klavier recht wohl aushält. – Nein, im Ernst, sie ist für Konzerte sehr zu empfehlen."

Dabei ist Klavierspielen für den berühmten Lehrer eine absolut männliche Domäne: „Mit den Frauen und Mädchen ist nicht so viel zu machen, die heiraten zum Schluss doch alle – wenn sie auch noch so viel Ursache hätten, mit der Kunst zufrieden zu sein." 1892 trennen sich Leschetizky und seine Frau. Sie geht zurück nach Russland. Er heiratet zwei Jahre später seine Schüle-

rin und Mitarbeiterin Donimirska Benislawska.

Leschetizky schrieb knapp 80 Stücke für Klavier solo und nahm am 18. Februar 1906 zwölf Klavierstücke – davon sieben eigene – für das Reproduktionsklavier Welte-Mignon im Leipziger Aufnahmestudio von Welte auf. Außerdem gibt es eine Edisonwalze von etwa 1900, auf der er über „Kein Leben ohne Kunst" spricht. Auch die Enkelin Ilse Leschetizky (1910–1997) wird Pianistin und Lehrerin. Und die Urenkelin Margret Tautschnig gründet 1991 den Leschetizky Verein Österreich in Bad Ischl mit einem umfangreichen Archiv.

Leschetizky, dem auch die Villa in der Sternwartestraße 36 gehörte, in der unter anderen der deutsche Dirigent Hans Richter Mieter war, führte ein gastfreundliches Haus in der Weimarerstraße, die damals noch Carl-Ludwig-Straße hieß. Ein beliebter Treffpunkt für Künstler, Aristokraten und Politiker.

Ein besonderer Freund ist Ludwig Bösendorfer. Ferdinand Schmutzer in der nahen Sternwartestraße porträtiert den berühmten Klavierpädadogen. Der kann nach Feierabend seine Gäste stundenlang unterhalten, um Mitternacht anfangen, eine Partie Billiard zu spielen, und geht oft erst zwischen drei und vier Uhr früh ins Bett.

Just als Leschetizky 1882 zur Uraufführung seiner zweiten Oper „Die erste Falte" über den Dramatiker Salomon Hermann Ritter von Mosenthal, unter anderem Librettist von Otto

Nicolais komischer Oper „Die lustigen Weiber von Windsor“, nach Mannheim aufbrechen will, steht unerwartet Franz Liszt vor seiner Tür in Wien. Die beiden Freunde plaudern beim Wiedersehen nach Jahren so lange, dass es schließlich zu spät ist für die Abfahrt mit dem Zug.

Unter Leschetizkys Schülern aus der ganzen Welt, wie Artur Schnabel, Elly Ney, Paul Wittgenstein und vielen anderen, wurde Ignaz Jan Paderewski der berühmteste Pianist seiner Zeit. Um 1890 löste er Massenhysterien aus wie ein Jahrhundert später Michael Jackson. Auf seiner USA-Tournee reiste er in eigenem Salon-Wagen. Paderewski war jedoch nicht nur ein international berühmter Klaviervirtuose, sondern wurde Ende 1918 auch der erste Premierminister der wiedererrichteten polnischen Republik, obwohl er sich selber als Künstler und politischen Dilettanten betrachtete. Außerdem war er Ehrendoktor der Universitäten von Lemberg, Krakau, Oxford und Yale, und darüber hinaus der führende polnische Komponist an der Wende zum 20. Jahrhundert.

Leschetizky vertrug sich nur nicht mit Franz Schmidt. Ihn fertigte er mit den Worten ab: „Wenn einer Schmidt heißt, soll er nicht Künstler werden.“ Aber der so Verhöhnte blieb dem Namen und dem Berufsziel treu – und wurde der letzte große Spätromantiker Österreichs. Er war nicht nur Komponist und später Solo-Cellist der Wiener Philharmoniker, sondern auch Leiter der Wiener Musikakademie und ein exzellenter Pianist. Aus Schmidts Schule kam dann Bruno Seidlhofer, der bedeutendste Klavierlehrer seiner Generation, aus dessen Klasse wiederum so unterschiedliche Temperamente wie Friedrich Gulda, Alfred Brendel und Rudolf Buchbinder hervorgegangen sind.

Leonie Gombrich, die Mutter des exilierten und später in London tätigen Kunsthistorikers Ernst Gombrich, war zunächst die Klavierlehrerin von Franz Mittler und als Assistentin Leschetizkys im Wiener Musikleben Gustav Mahler, Adolf

Busch und Rudolf Serkin eng verbunden. Mittler – in Wien nicht zuletzt berühmt für seine pointierten Schüttelreime – wurde wiederum ein gesuchter Klavierbegleiter von Franz Steiner, Leo Slezak oder Marie Gutheil-Schoder und musizierte auch mit dem Rosé Quartett.

Sogar Mark Twain kam am 27. September 1897 für fast zwei Jahre nach Wien, weil seine Tochter Clara bei Leschetizky Klavierunterricht nehmen wollte, später aber dann doch zu Gesangsstunden wechselte. Nach der Ankunft an einem Sommertag am (Kaiserin Elisabeth-)Westbahnhof nahm man zwei Fiaker, und klapperte, voll bepackt, 15 Hotels ab.

Im fashionablen Hotel Metropol am Morzinplatz bot man dem berühmten Gast um 40 Prozent verbilligt sieben große Räume an, ein Wohnzimmer mit Balkon, ein Musikzimmer für die Tochter, ein Arbeitszimmer für den Autor selbst, und vier Schlafzimmer, für 460 Dollar im Monat, inklusive Bedienung und Mahlzeiten. Nur das Baden kostete extra.

„Das Badezimmer auf unserem Stock", notierte Twain später, „befand sich in einer Entfernung von 45 Metern, und da ich oft müde war und man keine Fahrräder auf dem Gang benutzen durfte, habe ich in dem ganzen Jahr kein einziges Bad genommen. Ich war noch nie zuvor in meinem Leben so gesund und so schön warm."

Der Mark-Twain-Abend im Wiener Presseklub „Concordia" am 31. Oktober 1897 war das gesellschaftliche Ereignis der Saison. Alle von Rang und Namen waren da: Gustav Mahler, Felix Salten, Theodor Herzl, Hermann Bahr. Karl Kraus teilte die allgemeine Begeisterung über den Amerikaner nicht, ätzte in der erst zwei Jahre später entzündeten „Fackel" über den „Humorgreis" und warf dem „überseeischen Humoristen" vor, „in fortwährender Verhöhnung der Wiener Sitten und Gebräuche sein noch ungelenkes Deutsch zu üben."

Später verbrachte Twain neun Monate seines Wien-Aufenthaltes im Hotel Krantz, dem heutigen Hotel Ambassador. In seiner Reportage „Stirring Times in Austria“ beschrieb der amerikanische Autor und Weltreisende das vom Antisemitismus geprägte politische Klima im Wien von Karl Lueger: “One’s blood gets no chance to stagnate.” 1898 hatte er in Kaltenleutgeben in Niederösterreich seinen Sommersitz, wo er wichtige Teile seiner Autobiografie schrieb. Vor seiner Abreïse aus Wien mit dem Zug vom Franz-Josefs-Bahnhof war Twain am 25. Mai 1899 zu einer Privataudienz bei Kaiser Franz Joseph I. eingeladen.

Als Mark Twain am 27. Mai 1899 von einer großen Menschenmenge am Franz-Josefs-Bahnhof verabschiedet wird, sagt er: „Man kann nicht ein paar Jahre in Wien leben, ohne durch und durch dem Zauber der Stadt und der Leute zu verfallen. Man gewöhnt sich bald ein in Wien, ist hier zufrieden und geht nie mehr ganz weg.“

Ein paar Wochen klingt das in einem Interview in London ein bisschen anders: „Wien ist das korrupteste Nest auf dem weiten Erdenrund, und ich kann behaupten, dass die politische Korruption dort sogar schlimmer ist als irgendwo in den Vereinigten Staaten.“

GUIDO ADLER
DER WELT ABHANDEN GEKOMMEN ...

„Wenn ich allein sein will“, soll Gustav Mahler gesagt haben, „dann gehe ich mit Guido Adler spazieren.“ Das verrät einiges über den noblen und zurückhaltenden Charakter des Musikhistorikers. Beide kamen aus der ländlichen Idylle von Iglau in Mähren in eine Großstadt und Gesellschaft im Umbruch. Beide kannten einander seit ihrer Jugend. Beide waren Schüler von Anton Bruckner.

Anfang April 1904 schreibt Mahler an „Mein lieb’s Almscherl!“, die ihre zweite Tochter Anna Justine, später „Gucki“ genannt, erwartet. Sie sucht Erholung in Abbazia, wo die große Sehnsucht und das milde Klima wohnen. Wo die vornehme Gesellschaft aus Wien, Prag und Budapest im „Quisisana“ oder im „Kronprinzessin Stephanie“ logiert. Wo man am Strandweg nach Lovrana promeniert und im „Adriaclub“ diniert.

Mahler schreibt, dass er am „Nachmittag bei G. Adler draußen war, der vor Freude fast einen Ohnmachtsanfall bekam. Ich war eine Stunde bei ihm“. Der Freund begleitet den Dirigenten und Komponisten der Spätestromantik danach noch ein Stück des Weges, der bereits mit 36 Jahren ahnt: „Ich erlebe den Sieg meiner Sache nicht mehr! Zu fremd und neu ist alles, was ich schreibe.“ Doch meint, man müsse ja nicht unbedingt „dabei sein beim Unsterblichwerden“.

In der Vorstadt vor der Vorstadt ist die Zeit stehengeblieben. Würde ein Grätzel Musik machen: Das Währinger Cottage wäre ein romantisches Lied. Die Sonne verschwindet zwischen Bäumen und Wiesen. Gerade noch lag ein musikalischer Friede auf den sonnenbetupften Wegen, ehe sich Helligkeit und Leichtigkeit in Dunkelheit und Schwermut wandeln. Hier im Abseits kann man die Zeit vergessen – und auch sich selbst.

Mahler mag sich daran erinnert haben, dass er schon ein Vierteljahrhundert vorher nur ein paar Schritte weiter in der Karl Ludwig-Straße 24 (heute: Weimarer Straße 46 / Anton-Frank-Gasse 9) gewohnt hat. In einem Brief beklagt er sich im Dezember 1879 über „das Rabenvieh von einem Stubenmädel", das vergessen hatte, in der Petroleumlampe Öl nachzufüllen. So ist er gezwungen gewesen, um halb elf Uhr spätabends „bei allen möglichen Petroleumhändlern des Cottagevereins herumzurennen, bis mir ein Barmherziger seinen Laden geöffnet hat".

Über Weihnachten fährt er nach Iglau. Hugo Wolf, ein blonder Jüngling mit blassem Gesicht, Kollege am Konservatorium, Freund und bald Konkurrent als Komponist, zieht in Mahlers Quartier ein, „eine Jahreswohnung, Zimmer, Kabinett, Vorzimmer, Küche, Boden und Keller um das billige Geld von 45 fl. vierteljährig, also 15 fl. monatlich – natürlich möbliert". Wolf übernimmt auch das Leihklavier, ein „vorzügliches Instrument", das Mahler bis Ende Dezember bezahlt hatte.

Guido Adler ist einer der Gründungsväter der modernen Musikwissenschaft und seine Lebensaufgabe das Erklären und Bestimmen von Werken der Tonkunst. Zunächst Professor in Prag, wird er auf Initiative von Eduard Hanslick 1898 dessen Nachfolger an der Wiener Universität, widmet sich einer breit angelegten Lehr-, Forschungs-, Beratungs- und Publikationstätigkeit und betreut vier Jahrzehnte lang die bedeutende Edition der „Denkmäler der Tonkunst in Österreich".

„Für mich war die Lehrkanzel ein Altar, an dem ich meinen Dienst versah", schreibt er in seiner Autobiografie „Wollen und Wirken".

„Tradition ist nicht die Anbetung der Asche, sondern die Weitergabe des Feuers." Der Leitsatz könnte von Guido Adler sein. Aber er ist von Gustav Mahler, dem Fortschrittlichen und zugleich dem Zuchtmeister der Orthodoxie. Alma schreibt in einem Nachruf: „Er hat die Dostojewski-Frage an das Leben musiziert: ‚Wie kann ich denn glücklich sein, wenn irgendwo ein anderes Geschöpf noch leidet?'"

Faszinierend an Mahler ist, dass er das Trivialste und das Heiligste nebeneinander stellen kann, und es funktioniert. In seiner Sommervilla in Maiernigg am Wörthersee beginnt Mahler 1901 mit der Arbeit an fünf „Rückert-Liedern" und zur gleichen Zeit an seiner fünften Symphonie.

„Nachdem Mahler schon seine heurige Ferienarbeit abgeschlossen hatte, um die letzten paar Tage der Erholung zu widmen", berichtet Mahlers Vertraute, die Bratschistin und Musikpädagogin Natalie Bauer-Lechner, „ergriff ihn doch die Komposition des letzten, gleich anfangs geplanten, aber zu Gunsten der Symphonie liegen gelassenen Gedichtes von Rückert: ‚Ich bin der Welt abhanden gekommen'."

Ich bin der Welt abhanden gekommen,
Mit der ich sonst viele Zeit verdorben,
Sie hat so lange nichts von mir vernommen,
Sie mag wohl glauben, ich sei gestorben!
Es ist mir auch gar nichts daran gelegen,
Ob sie mich für gestorben hält,
Ich kann auch gar nichts sagen dagegen,
Denn wirklich bin ich gestorben der Welt.
Ich bin gestorben dem Weltgetümmel,
Und ruh' in einem stillen Gebiet!
Ich leb' allein in meinem Himmel,
In meinem Lieben, in meinem Lied!

Als das Werk für Sopran und Orchester, eines der berührendsten unter Mahlers 40 Liedern, fertig ist, sagt der Komponist: „Es ist Empfindung bis in die Lippen hinauf, die sie aber nicht übertritt. Und: das bin ich selbst!"

Bei Friedrich Rückert, der auch die Gedichte der „Kindertotenlieder" verfasst hat, fand er die Verse, die nicht Abkehr vom Leben bedeuten, sondern bei denen es darum geht, „sein eigenes stilles Gebiet" zu finden „fern vom Weltgetümmel".

„Ich leb' allein in meinem Himmel, in meinem Lieben, in meinem Lied!" Mahlers Wertschätzung für seinen Seelenverwandten Rückert und dessen Lyrik geht soweit, dass er 1905 sagt: „Nach ‚Des Knaben Wunderhorn' habe ich nur mehr Rückert Texte vertonen können, das ist Lyrik aus erster Hand, alles andere ist Lyrik aus zweiter Hand."

Mit seinen Rückert-Vertonungen betritt Mahler eine neue Welt kammermusikalischer Intimität und erreicht mit seinen Klängen einen Punkt, wo die Stille wohnt. Wo sich die Musik aus der Welt singt. So weltfern, so sehr der Welt entrückt, wie „Ich bin der Welt abhanden gekommen" klingt, nimmt das Lied bereits das berühmte Adagietto der Fünften Symphonie vorweg, das er – ohne Worte – seiner geliebten Frau Alma mit der Post schickt. Ihr erzählt er auch, dass ihn der Blick auf Denkmäler für verstorbene Kardinäle in der Krypta einer Kirche in Italien inspiriert hat zur Vertonung von „Ich bin der Welt abhanden gekommen".

Ein Geheimnis umgab lange Zeit die Noten zum Stück. Am 1. November 1905 schenkt der k. u. k. Hofoperndirektor dem Musikprofessor die Partitur seines Orchesterliedes mit der Widmung auf dem Deckblatt: „Meinem theuern Freunde Guido Adler (der mir nie abhanden kommen möge) als ein Andenken an seinen 50. Geburtstag."

Adler hütet die Blätter wie einen kostbaren Schatz. Als nach seinem Tod im Februar 1941 seine Bibliothek „arisiert" wird, verschwindet auch die Mahler-Partitur und ist fast 60 Jahre lang verschollen.

„Die Zeit für meine Musik wird noch kommen", war Gustav Mahler überzeugt. Der auch beklagt hatte: „Ich bin dreifach heimatlos: als Böhme unter den Österreichern. Als Österreicher unter den Deutschen. Und als Jude in der ganzen Welt."

„Jetzt wo er tot ist, wird auch Mahler in Wien ein großer Mann", schrieb Richard Strauss an dessen Witwe Alma und behielt zumindest bis 1938 recht. Andere hatten weniger Glück. Sie dachten, Wien wäre ihnen Heimat, und alles ging verloren.

Guido Adlers Tochter Melanie Karoline, die Medizin studiert, aber nie als Ärztin gearbeitet hatte, zog nach dem Tod der Mutter 1938 zu ihrem 83-jährigen Vater nach Döbling in die Lannerstraße 9. Als er am 15. Februar 1941 starb, versuchte sie, ihr Erbe zu retten oder zumindest als geschlossene Sammlung zu verkaufen: das Haus, Kunstgegenstände, eine Totenmaske von Ludwig van Beethoven, ein Manuskript von Arthur Schnitzler, die Bibliothek mit seltenen wissenschaftlichen Werken und Korrespondenzen mit Brahms, Bruckner, Richard Strauss, Alma und Gustav Mahler.

Mithilfe des Innsbruckers Rudolf von Ficker, einem Schüler ihres Vaters, führte sie Verkaufsverhandlungen mit der Stadtbibliothek München. Zugleich versuchte sie über ein Angebot an

Winifried Wagner in Bayreuth, einen persönlichen Schutzbrief zu erhalten. Vergeblich.

Adlers Nachfolger, der damalige Ordinarius und nach 1945 hochgeehrte Professor Erich Schenk, setzte sofort Maßnahmen und bewirkte bei der Gestapo im Mai 1942 die Beschlagnahme von Adlers Bibliothek für sein musikwissenschaftliches Institut. Noch im selben Monat wird Melanie Adler von den Nazis nach Minsk deportiert und im Vernichtungslager Maly Trostinez ermordet.

Adlers Sohn, Hubert Joachim, beginnt kurz vor Ausbruch des Ersten Weltkriegs sein Medizinstudium und führt bis zu seiner Emigration in die USA am 5. August 1938 eine Ordination in Wien. Er bekommt unmittelbar nach dem Krieg Guido Adlers Nachlass auf Basis eines ersten Rückstellungsgesetzes zurück und verkauft ihn an das Department of Music an der University of Georgia, ehe er sich im amerikanischen Exil das Leben nimmt.

Erst im Frühjahr 2000 taucht das Mahler-Autograf mit der persönlichen Widmung an Guido Adler plötzlich wieder auf: Adlers Enkel Tom Adler wird auf die Existenz der Blätter aufmerksam, als sie beim Auktionshaus Sotheby's in Wien zum Verkauf angeboten werden.

Der Einbringer: Der Sohn des Wiener Rechtsanwaltes Dr. Richard Heiserer, der Melanie Adler als Erbin 1941 kurz und nicht zu ihrem Vorteil vertreten hatte, hatte das wertvolle Manuskript 1957 von seinem Vater geerbt und seitdem im Safe verwahrt. Aber wie kam die Mahler-Handschrift einst in den Besitz Heiserers?

Welche Rolle hat Heiserer – von den Nazis als „Abwesenheitsprokurator" eingesetzt – bei der „Arisierung" der teilweise während des Novemberpogroms 1938 von SA-Männern konfiszierten und im Mai 1942 unter Gestapoeinsatz geraubten wertvollen Privatbibliothek des Musikhistorikers jüdischer Herkunft gespielt?

Tom Adler beansprucht die Noten von „Ich bin der Welt abhanden gekommen“, erhält sie in einer außergerichtlichen Einigung im April 2004 zurück und gibt sie im Mai Sotheby's in London zur Auktion. Gilbert Kaplan ersteigert die Handschrift um 420.000 englische Pfund (rund 632.700 Euro) und will die wertvollen Blätter in der Morgan Library New York für die Expertenwelt zugänglich machen.

Der amerikanische Amateur-Dirigent, Publizist, Mahler-Verehrer und Millionär hat bereits die Partitur der 2. Symphonie Mahlers in einer originalgetreuen Sonderausgabe veröffentlicht und sieht sich auch als „Wächter“ der Partitur der Komposition „Ich bin der Welt abhanden gekommen“, des „vielleicht schönsten Liedes, das je geschrieben wurde. Ich bin froh, dass es nicht irgendein Investor erhalten hat, der es in einem Banksafe verschließt.“

Und was für ein Mensch war Mahler? „Er suchte verzweifelt nach Antworten auf Fragen, die nicht beantwortet werden können“, sagt Kaplan. „Er fragte sich, ob das Leben vielleicht nichts anderes sei als ein gewaltiger schrecklicher Witz.“

MARIE GUTHEIL-SCHODER
WIENS ERSTER OCTAVIAN

Man nennt sie die „Duse der Oper". Marie Gutheil-Schoder (1874–1935) – ein Star im Wien der Jahrhundertwende. Gustav Mahler, Direktor der Hofoper, holt die aus Weimar stammende Sängerin nach Wien. Dort bleibt sie auch nach ihrem Debüt als Carmen ein Vierteljahrhundert bis 1926 im Ensemble, wurde als Sängerin und auch für ihre temperamentvolle, fesselnde Darstellungskunst gefeiert – in bedeutenden Premieren zu hören, unter anderem 1908 als Martha in Eugen d'Alberts „Tiefland" und 1909 als Titelheldin in Richard Strauss' „Elektra". Außerdem ist sie 1911 der Octavian in der Wiener Erstaufführung des „Rosenkavalier".

Ab 1908 singt sie Werke von Arnold Schönberg in dessen „Verein für musikalische Privataufführungen" und gestaltet 1924 die Uraufführung seines Monodramas „Erwartung" am Deutschen Theater von Prag. Sie ist auch bei jenem Konzert am 21. Dezember 1908 im Bösendorfer Saal in der Herrengasse dabei, das Aufruhr verursacht: Das Publikum lacht, zischt und pfeift, als das renommierte Rosé-Quartett die Uraufführung von Schönbergs Opus 10 spielt.

Bei seinem zweiten Streichquartett lässt der Komponist erstmals die Tonalität ganz hinter sich. Während die Sängerin aus dem vertonten Gedicht von Stefan George die Zeilen vorträgt: „Ich fühle luft von anderem planeten …" Dabei vollzieht sich der Abschied vom abendländischen Konsens der Harmonik, der im Kern seit 400 Jahren gegolten hatte.

„Eine veritable Katzenmusik", urteilt der Kritiker Max Kalbeck. Die Publikumsproteste verstummen am Uraufführungsabend erst, als die Gutheil-Schoder zu Ende gesungen hat: Schönbergs Musik wendet sich in den Schlusstakten ein letztes Mal zurück in vertraute Bahnen und mündet in einen Fis-Dur-Akkord.

Eine zweite Aufführung des Streichquartetts zwei Monate später trägt auf den Eintrittskarten den Vermerk: „Diese Karte berechtigt den Inhaber, dem Konzerte beizuwohnen, unter der Voraussetzung, dass er die Aufführung in keiner Weise stört."

Auch ihr erster Mann, der Kapellmeister Gustav Gutheil, war kein Verweigerer der Moderne. Im Gegenteil. Anfang 1908 hat er sich in Wien mit Arnold Schönberg und einem weiteren Musikerkollegen, Alexander Zemlinsky, zusammengetan, um die „Musikstadt Wien" davor zu bewahren, von den Entwicklungen abgehängt zu werden.

Sonst hängt die Gutheil-Schoder mit ganzer Seele an dem, was sie für „klassisch" hält und will partout nicht bedingungslos mit dem „Nur-Modernen" gehen. Sie erklärt sich gern lächelnd für eine „unmoderne Frau". Und unterstreicht diese Haltung in ihrem von Viktor Fiala in barocken Formen ausgeführten Haus im Döblinger Cottage.

Die gediegenen alten Möbel waren beladen mit einer unübersehbaren Menge von Nippes, Vasen, Fotos und Bildern bedeutender und geliebter Menschen, die sie getroffen hat, unter anderen Pauline Metternich, Lili Lehmann, der Gräfin Clementine Wydenbruck und Gustav Mahler.

Nach dem frühen Tod ihres erstes Mannes 1914 heiratet die Sängerin 1920 den Fotografen Franz Xaver Setzer, den Porträtisten der „Wiener Gesellschaft" von anno dazumal. Nicht nur Opernsänger, auch Komponisten, Regisseure, Theaterschauspieler, alles, was in der Welt der Bühne Rang und Namen hatte, lässt sich von Setzer ablichten. Literaten wie Stefan Zweig, Arthur Schnitzler, Felix Salten und Richard Beer-Hofmann und der bedeutendste Regisseur seiner Zeit, Max Reinhardt. Komponisten des frühen 20. Jahrhunderts wie Giacomo Puccini, Richard Strauss, Maurice Ravel oder Arnold Schönberg setzt Setzer in den 20er-Jahren ebenso ins Bild wie den Operettenkomponisten Franz Lehár.

Die Reichen und Schönen, die Bourgeoisie und die Künstler: Franz Xaver Setzer bekommt sie alle vor das Objektiv seiner Kamera. Der Fotograf betreibt in Wien-Neubau in der Museumstraße 5 ein Studio, in dem er zwischen 1909 und 1939 Bühnenstars, Unternehmer und Politiker porträtiert. Wie andere bekannte Wiener Ateliers von Madame d'Ora, Trude Fleischmann oder Rudolf Koppitz ist „Setzer – Fotografische Bildnisse, hinter dem deutschen Volkstheater" eine Marke und das Fotostudio des Menschensammlers und seiner Nachfolgerin Marie Karoline Tschiedel ein Zentrum der Porträtfotografie im Wien der 1920er- und 1930er-Jahre.

www.setzer-tschiedel.at

ERICH WOLFGANG KORNGOLD
EIN WUNDERKIND AUS WIEN

In Wien muss mancher lang tot sein, ehe er wieder aufleben kann. Und beim Film muss man ein Chamäleon sein. Wie Erich Wolfgang Korngold, der als Komponist in Hollywood stilprägend war. Und ein Wunderkind in Währing. Ins üppige kulturelle Milieu der österreichischen Donaumonarchie hineingeboren, im Wien des Fin de Siècle umjubelt und später fast vergessen.

„Wir sind sehr dankbar, dass er endlich nach Hause gekommen ist", sagte Kathrin Korngold-Hubbard bei einem Wien-Besuch anlässlich des 50. Todestags von Erich Wolfgang Korngold. „Es war eine lange Reise." Die Enkelin hat nur wenige Erinnerungen an ihren Großvater: „Ich war drei Jahre alt, als er 1957 starb. Wir wohnten damals nebenan in Los Angeles. Ich bin die einzige Enkelin. Korngold hatte große Pläne mit mir. Er wollte mich unterstützen, aber sollte es leider nicht mehr erleben, dass ich Musikerin geworden bin."

Konflikte waren von Anfang an vorprogrammiert bei den Korngolds: Ein Kritiker und ein Komponist in derselben Familie führen zwangsläufig zu einer schwierigen Vater-Sohn-Beziehung: Julius Korngold ist, von Theodor Herzl als Nachfolger von Eduard Hanslick bei der „Neuen Freien Presse" engagiert, einer der mächtigsten und gefürchtetsten Kritiker seiner Zeit. Der Marcel Reich-Ranicki der Wiener Musikkritik ist gegen die Schönberg-Schule und gegen die Amtsführung von Richard Strauss als Staatsoperndirektor.

Aber maßlos ehrgeizig. Er nennt seinen Sohn mit zweitem Vornamen Wolfgang – in Anspielung auf das berühmteste Wunderkind der Musikgeschichte, Wolfgang Amadeus Mozart. Sohn Erich Wolfgang gilt bald als Wunderkind. Dabei will der Filius, der schon als Fünfjähriger Themen aus „Don Giovanni“ allein mithilfe seines Gehörs auf dem Klavier nachspielen kann, gar nicht komponieren: „Ich habe es nur für den Vater getan.“

Anfang 1910 lauscht die Wiener Familie Korngold der Probe eines Klaviertrios. Mutter Korngold poltert los: „Zu schnell!“ Vater Korngold kontert: „Zu langsam!“

„Ich denke, so war es gut“, befindet dagegen Sohn Erich Wolfgang, damals 13 Jahre jung. Daraufhin beide Eltern im Duett: „Du hältst den Mund!“ Der Bub gehorcht, obwohl er es besser wissen hat müssen: Schließlich hat er es komponiert.

Ursprünglich wohnen die Korngolds in Wien Mariahilf: Im Haus Theobaldgasse 7 lebt Erich Wolfgang von 1909 bis 1924 gemeinsam mit seinen Eltern. In derselben Gasse auf Nummer 16 wohnt Franz Lehár, das „Sperl“ in der Gumpendorfer Straße ist sein Stammcafé.

Korngolds Vater, ein Verächter der Atonalität und Bewunderer von Gustav Mahler, lässt schon 1909 Talentproben seines Sohnes in der Branche beurteilen. Engelbert Humperdinck lobt „die außerordentliche Erfindungsgabe des märchenhaften Wunderkindes“. Und Mahler sagt: „Ein Genie! Ein Genie! Geben Sie den Buben zu Zemlinsky in die Lehre. Nur ja kein Konservatorium, kein Drill.“

Tatsächlich wird der Bub Schüler von Alexander von Zemlinsky, wobei der Papa über seinen Schatten springt, steht Zemlinsky doch dem verhassten Schönberg-Kreis nahe. Strauss’ „Elektra“, gerade in Dresden uraufgeführt, ist das Nonplusultra an Wagnis in der Musik. Doch die Kompositionen Korngolds zeigen bereits ein starkes Bewusstsein dafür, wie weit man innerhalb der Tonalität gehen oder eben nicht gehen kann.

Bald wird ganz Wien auf das frühreife Kind aufmerksam: Der 11-Jährige erregt mit seinem pantomimischen Ballett „Der

Schneemann“ Aufsehen, das 1910 in der Wiener Hofoper in der Instrumentierung Zemlinskys uraufgeführt wird. Als der 13-Jährige beim Komponisten und Organisten der Lutherischen Stadtkirche in Wien, Hermann Grädener, Unterricht nimmt, schreibt ihm Zemlinsky aus Prag: „Lieber Erich, ich höre, daß du jetzt bei Grädener studierst. Macht er Fortschritte?“

Eine große Karriere zeichnet sich ab. Des Juniors Stoßseufzer hingegen ist: „So Gott und Papa will.“ Der Einfluss des Vaters macht zwar vieles leicht, dem jungen Korngold aber auch manchmal das Leben schwer: Die einen sind von seinem Talent beeindruckt. Andere kritisieren die allzu offensichtliche Förderung durch den Vater. Wiens schärfste Zunge, Karl Kraus, bedauert Ende 1910 „den fetten Knaben“, weil er das Wunderkind geben müsse. Der Satiriker ätzt unter Anspielung auf Korngolds zweiten Vornamen Wolfgang, dass der „junge Pseudo-Korngold des achtzehnten Jahrhunderts“ beim Vergleich mit dem neuen Wunderkind schlecht abschneide, da er „zwar auch mit Talent, aber ohne Presse auf die Welt“ gekommen sei. Ein weiterer

Dialog ist überliefert: „Sie spielen die Sonate vom jungen Korngold, ist sie dankbar?" – „Die Sonate nicht, aber der Vater!" Der Sohn selbst schreibt über die Vertonung eines Liebesliedes, das er dem Vater widmet: „Schau, Vater, so kann jemand über Liebe schreiben, der nie welche erfahren hat."

Die guten Kontakte machen sich letztlich bezahlt. Viele der Werke des jungen Korngold werden von namhaften Stars aufgeführt: Bruno Walter, Wilhelm Furtwängler oder Richard Strauss gehören zu seinen Interpreten. Die Operneinakter „Der Ring des Polykrates" und „Violanta" (beide 1916) machen ihn auch in München bekannt, die symbolistische Oper „Die tote Stadt" (1920) nach Georges Rodenbachs Roman mit dem Ohrwurm „Glück, das mir verblieb" – „Triumph des Lebens" sollte das Werk ursprünglich heißen – erobert die Bühnen Europas, als Korngold erst 23 Jahre alt ist. Sein Erfolg war überragend. Er war – neben Richard Strauss – der meistgespielte Opernkomponist Österreichs und Deutschlands.

Bewunderungswürdig sind sein Gespür für große Gesangspartien und für dramatische Effekte, die virtuose Beherrschung des spätestromantischen Riesenorchesters und die traumwandlerische Sicherheit, mit der er sich die Musiksprachen von Wagner, Strauss und Mahler, Puccini oder die Sentimentalität eines Lehár anverwandeln kann. Etwa bei der Wehmutsmelodie von Mariettas Lied. Von Treue, Trauer und Tod erzählt es, von schöneren Tagen, vom Abschied und vom Auferstehen.

Die schwierige Beziehung des mächtigen Kritikervaters zu seinen Komponistenkollegen machen Korngold und sein Werk zur Angriffsfläche für persönliche Rachefeldzüge. Mit Richard Strauss, Josef Weingartner oder Arnold Schönberg verbindet ihn dennoch eine intensive Zusammenarbeit.

Korngold sieht sich als Vertreter der Moderne, er verlässt die Tonalität allerdings nie. 1920 debütiert er in Wien als Konzertdirigent und ist anschließend einige Monate Kapellmeister am

Hamburger Stadttheater. Vier Jahre später heiratet er die Sängerin, Schauspielerin, Pianistin und Schriftstellerin „Luzi“, Luise von Sonnenthal, die Enkelin des Schauspielers und Theaterdirektors Adolf Ritter von Sonnenthal. Sie nennt sich fortan Luzi Korngold. Die Korngolds verkehren im Kreis der Kunstmäzenin Jenny Mautner und ihrem Mann, dem Großindustriellen Isidor Mautner.

Seine Versuche in der Welt der leichten Musik und der internationale Erfolg der Operettenarrangements machen Korngold vom Vater finanziell unabhängig. 1930 kauft er eine schöne Villa in der Sternwartestraße in Wien Währing. Zur tatsächlichen Heimat wird dann das Familienrefugium Schloss Hörselberg bei Gmunden. Dort kann das Paar – in sicherer Entfernung zu den Eltern – Zeit mit seinen zwei Söhnen verbringen.

Korngolds vierte Oper, „Das Wunder der Heliane“, 1927 in Hamburg erfolgreich uraufgeführt, ist sein letzter Opernerfolg, allerdings nicht zu vergleichen mit der Sensation der „Toten Stadt“. Vor allem gerät Korngold zwischen die Fronten eines teilweise vom Vater initiierten Kulturstreits, der sich an „Jonny spielt auf“ entzündet. Ernst Kreneks „Jazz-Oper“ hat fast zur gleichen Zeit Premiere und erobert die Welt im Sturm.

In Wien beginnt ein absurder Krieg zwischen den Anhängern der beiden Opern. Und die Austria Tabak-Regie bringt zwei Zigaretten auf den Markt: eine billige ohne Filter namens „Jonny“ und eine nobel-parfümierte mit goldenem Mundstück namens „Heliane“.

Bizarr auch, dass antisemitische Organisationen mit dem gegen Krenek agitierenden Juden Julius Korngold gemeinsame Sache machen. Ein Propagandanetzwerk stellt „Jonny“ und Krenek als „jüdische Volksschädlinge“ hin, obwohl Krenek katholischer und nicht jüdischer Herkunft ist.

Mit seinen Werken für die Musiktheaterbühne wird Korngold neben Richard Strauss zum meistgespielten deutschsprachigen

Opernkomponisten der 1910er- bis 1930er-Jahre. Als er sich – zum Missfallen seines Vaters – dem Unterhaltungsgenre zuwendet und Johann Strauß' „Eine Nacht in Venedig“ für das Theater an der Wien bearbeitet, führt ihn die Neugestaltung klassischer Operetten 1929 nach Berlin und zur Zusammenarbeit mit Max Reinhardt. Mit dem Regisseur wird ihn bald auch eine Lebensfreundschaft verbinden.

1934 nehmen Korngold und Reinhardt nach Gastspielen in Italien für, wie sie glauben, lange Zeit Abschied voneinander, weil Reinhardt in die USA geht, um dort Franz Werfels „Eternal road“ zu inszenieren. Korngold selber reist über Spanien zurück nach Wien, weil er in Barcelona Pablo Casals besuchen will. Wie-

der in Wien angekommen, findet er ein 50-Worte-Telegramm von Reinhard vor, der ihn auffordert, sofort nach Hollywood zu kommen, um mit ihm einen „Sommernachtstraum-Film" zu machen.

Korngold geht von einer Arbeit von sechs bis acht Wochen aus, er soll für Reinhardts Film „A Midsummer Night's Dream" die Musik anhand Mendelssohns Schauspielmusik arrangieren. Der ausdrückliche Auftrag besteht also darin, die Musik Mendelssohns für den Film zu bearbeiten. Und Korngold setzt dabei neue Maßstäbe in der noch jungen Geschichte der Filmmusik – mit dem Einsatz eines Ensembles in großer Symphonieorchesterbesetzung. Teilweise greift er in die Regie ein, um die Sprache der Schauspieler an den Rhythmus der Musik anzugleichen, einige Dialoge schreibt er selbst. Korngold passt die Musik Mendelssohns an Reinhardts Dramaturgie an, komponiert im Stil Mendelssohns weite Passagen neu, teilweise auch unter Verwendung von Motiven aus anderen Werken Mendelssohns. Aber die schlechten Kritiken veranlassen Reinhardt, keinen weiteren Film mehr zu drehen. Die Musik Korngolds wird indes einhellig gelobt.

Da sowohl Reinhardt als auch Korngold zwar das „Theater" kennen, nicht aber das Medium „Film", werden aus den wenigen Wochen viele Monate. Erst Anfang Mai 1935 kehren die Korngolds zurück nach Wien. Da der Komponist in den USA jedoch bereits viele neue Angebote – unter anderem von Ernst Lubitsch – erhalten hatte und auch aufgrund der Stimmung im mittlerweile braunen Österreich, entschließt sich die Familie, im August 1935 wieder in die Staaten zu gehen, wo sie dann mit großem Bahnhof empfangen wird.

In den nächsten Jahren arbeitet er als Filmkomponist der Warner Brothers. Für den 1936 entstandenen Film „Anthony Adverse" erhält er im Folgejahr den Oscar, den zweiten 1938 für „The Adventures of Robin Hood". Die Musik zu „Robin Hood,

König der Vagabunden" erreicht Platz 11 in der Liste der 25 Besten Filmmusiken aus 100 Jahren, die das American Film Institute zusammenstellt. Diese und seine anderen Werke werden prägend für die gesamte Branche. Insgesamt verfasst er zwischen 1935 und 1946 die Musik für 19 Filme (unter anderem für „The Sea Hawk" und „The Sea Wolf").

Trotz dissonanter Akkorde ist Korngold als Komponist irgendwo zwischen weich klingender Spätromantik und Neoklassizismus verwurzelt, schwelgt in einem Eklektizismus aus Strauss, Puccini, Wiener Operette und auch amerikanischem Folksong, verbindet technisch raffiniert Klangsüße und melodische Geschmeidigkeit – und erklärt: „Musik ist Musik, ob sie für die Bühne, das Dirigentenpult oder fürs Kino ist."

Filmmusik ist mehr als nur Untermalung oder klingendes Möbelstück, das zufällig in der Szenerie herumsteht. Sie bedient sich mitunter eindrücklicher, mitunter subtiler Stilmittel und lenkt damit unsere Wahrnehmung der Bilder. Sie entfaltet ihre Wirkung meist im Unbewussten, unterschwellig und unaufdringlich. Musik im Film: Alle hören sie, aber viele nehmen sie gar nicht mehr wahr. Sie kann zu Tränen rühren oder Gänsehaut bereiten. Erst die Töne geben den Schattenwesen Kontur. Sie sind der Kitt, der die Bilder im Kino zusammenhält.

Viele Regisseure illustrieren ihre Bilder mit Klassik. Francis Ford Coppola verwendet Richard Wagners „Walkürenritt" in „Apocalypse Now" in einer Szene, in der ein vietnamesisches Dorf dem Erdboden gleichgemacht wird. Die berühmte Melodie aus Fellinis „La Strada" stammt vom Barock-Komponisten Arcangelo Corelli. Kurt Weills „Mackie Messer" stand Pate in „La Dolce Vita" – das Original war schlicht zu teuer. Charlie Chaplins großer Diktator tanzt mit der Weltkugel zum „Lohengrin"-Vorspiel. Bei Luchino Viscontis „Tod in Venedig" ist das Adagietto aus Mahlers Fünfter Symphonie, das bis heute viele für echte Filmmusik halten, eine Chiffre für das Abschiednehmen vom Leben.

Filmkomponisten wie Korngold sind Architekten der Emotionen. Denn Musik kann in uns hineinfahren wie ein Blitz. Sie kann zu Tränen rühren, den Adrenalinspiegel hochtreiben, das Herz schneller pochen lassen, uns sogar an Orte und in vergangene Zeiten zurückführen. Sich wehren ist zwecklos: Die Augen kann man schließen, für die Ohren braucht man die Hände. Die Musik macht den Zuschauer im Saal zum Pawlowschen Hund. Wenn Kino eine Überwältigung ist, dann ist die Musik sein griffigstes Werkzeug.

Korngold gilt neben Max Steiner und Bernard Herrmann als bedeutendster Filmkomponist des klassischen Hollywood. Er ist der Erfinder des charakteristischen Hollywoodsounds. Der Tonfilm ist noch kein Jahrzehnt alt, als Korngold ein komplett neues Konzept liefert: Er betrachtet den Film als Opernlibretto – und macht sich daran, diese Vorlage von Anfang bis Ende zu vertonen, spätromantisch wie ein Werk von Strauss oder Puccini.

Seine Partituren sind vielschichtig, enthalten mehrere Hauptthemen und viele Stimmungsmotive. Die Wirkung vieler Szenen entfaltet sich erst durch seine Musik, wie in den Fechtsequenzen von „Der Herr der sieben Meere", wenn die Säbelhiebe sich synchron in der Musik wiederfinden. „Nie habe ich einen Unterschied zwischen meiner Filmmusik, den Opern und den konzertanten Werken gemacht. Genau wie für die Oper will ich für den Film dramatische, melodische Musik schaffen, die symphonische Entwicklung und Themenreichtum besitzt."

Aber ist Filmmusik eigentlich Musik? Darauf gab Leonard Rosenman, Komponist bei „Jenseits von Eden", eine originelle Antwort: „It smokes, but it's no cigar."

Wer weiß, dass Max Steiner, österreichisch-amerikanischer Komponist, geboren im Hotel Nordbahn in der Praterstraße 72 in der Wiener Leopoldstadt, mit insgesamt 24 Oscar-Nominierungen einer der erfolgreichsten Filmmusikkomponisten, der Erfinder der Scarlett-Melodien für „Vom Winde verweht" und des Soundtracks zu „Casablanca", ein Schüler von Gustav Mahler und Richard Strauss war? Dass viele der großen Hollywood-Filmkomponisten aus Wien, Berlin oder St. Petersburg kamen? Dass Schostakowitsch und Prokofjew, Sibelius und Darius Milhaud Filmmusik geschrieben haben? Dass Richard Strauss seinen „Rosenkavalier" selber für die Leinwand bearbeitet hat.

Musik ist Musik. Ohne E und U. Das war auch das Credo von Korngold, der einen phänomenalen Sinn für Melodien hatte. Korngold pendelt zunächst zwischen Los Angeles, Wien und Schloss Hörselberg. Er will die Brücken zur Alten Welt, zu seiner künstlerischen Heimat nicht abbrechen.

Am 22. Jänner 1938 kommt wieder ein Telegramm aus Kalifornien: „Können Sie innerhalb von zehn Tagen in Hollywood sein, um die Musik für ‚Robin Hood' zu schreiben?" Am 4. Februar, nach einer stürmischen Überfahrt, kommt das Ehepaar Korngold mit seinem jüngsten Sohn Georg in New York an. Kurz bevor die Nationalsozialisten in Österreich einmarschieren.

Als jüdischer Emigrant in den USA kreiert er das, was als „Hollywood Sound" Filmgeschichte machen wird. Als Komponist der Warner Brothers Studios perfektioniert Korngold die Gattung der symphonischen Filmmusik. Er wird vier Mal für den Oscar nominiert und schließlich mit zwei Oscars ausgezeichnet – für den Sound zum Filmepos „Anthony Adverse" („Ein rastloses Leben", 1937) und für den Abenteuer-Klassiker „The Adventures of Robin Hood" („König der Vagabunden", 1939) mit Errol Flynn und Olivia de Havilland.

Dann kommt der 12. März 1938. Ein Samstag. Um 5.30 Uhr überschreiten die ersten Hitler-Truppen die Grenze zu Österreich. Der „Anschluss" wird vollzogen. Nur wenige Stunden nach Hitlers Ankunft verlässt auch Julius Korngold mit Frau und Enkelkind Ernst Österreich.

Vater und Sohn sind in den USA wieder vereint: Julius, ganz Patriarch, verlangt nach der Kontrolle von Erichs Finanzen. Erst als der Vater 1945 stirbt, beginnt für Erich Wolfgang eine neue Schaffensphase.

„Mit 50 ist man kein Wunderkind mehr", sagt er und ist bereit, Hollywood und die Filmmusik zu verlassen. 1946 beendet er weitgehend die Arbeit an Filmmusiken und wendet sich wieder der klassischen Orchestermusik zu.

Nach einem Herzinfarkt im Alter von 50 Jahren ist er – ohne seinen Vater und ohne Max Reinhardt – künstlerisch auf sich allein gestellt. Er beginnt mit der Arbeit an der Sinfonischen Serenade B-Dur op. 39, die er als eine seiner besten Arbeiten sieht, und ist hoch erfreut, als Furtwängler zusagt, das Werk mit den Wiener Philharmonikern aufzuführen.

Bei der Rückkehr in sein geliebtes Österreich 1949 wird er, nicht zuletzt aufgrund immer noch offener Rechnungen der Wiener mit seinem Vater, keineswegs herzlich empfangen. Die meisten Freunde und Verwandten sind tot oder verschollen. Korngolds Besitz ist zerstört oder wurde im Krieg „arisiert". Marcel Prawy erzählte: „Als er sein Haus im Salzkammergut betreten hat, rief man ihm entgegen: ‚Schön, dass sie zurückgekehrt sind! Und wann fahren sie wieder weg?'"

Ihre Häuser in Wien und im Salzkammergut bekommt die Familie Korngold am Ende wieder zurück – allerdings als leere und trostlose Gebäude. Was die Nationalsozialisten an Bildern, Büchern und Noten oder Möbeln gestohlen hatten, blieb zum Großteil verschwunden. In der Villa in der Sternwartestraße wohnen die Korngolds sogar noch ein Jahr lang, ehe sie sich zum Verkauf und zur Rückkehr nach Amerika entschließen.

1954 reist Korngold nach Deutschland, um noch einmal einen Filmsoundtrack zu schreiben: „Die Frauen um Richard Wagner" wird allerdings zum Flop und zur bitteren Erfahrung für Korngold. Es gelingt ihm nicht mehr, in seiner alten Heimat wieder musikalisch Fuß zu fassen. Er muss es erleben: Die Schönheit ist nicht tot, sie ist nur in Ungnade gefallen. Nach der endgültigen Rückkehr in die USA ein Jahr später stirbt Korngold am 29. November 1957 in Hollywood an einem Schlaganfall.

Es gab mehrere Versuche einer Erich-Wolfgang-Korngold-Renaissance. Marcel Prawy veröffentlicht 1951 in seinem Schallplattenverlag „Viennola" Eigeneinspielungen des Komponisten. Mit dem Soundtrack-Boom der Siebzigerjahre regte sich neues Interesse an Korngold. Pianist Glenn Gould macht sich 1974 zum Anwalt von Korngolds Zweiter Klaviersonate. Seit 1982 gibt es zwei Korngold-Gesellschaften; außerdem das Korngold-Archiv in Hamburg. Und diverse Wiederaufführungen der „Toten Stadt".

Und in Wien? Da gibt es eine Korngoldgasse – allerdings in Erinnerung an Julius Korngold. Während Erich Wolfgang seinen Platz im Pantheon der Filmmusik hat. Dort ist er mit Sicherheit ein Unsterblicher.

www.korngold-society.org

EMMERICH KÁLMÁN

DER OPERETTENKÖNIG UND DIE PARTY-QUEEN

Die Natur hat ihre Launen. Für die Lieder Schuberts brauchte sie keine Umstände. Ein kleines, enges Wiener Vorstadthaus genügte als Kulisse für die Geburt des Unsterblichen. Wenn sie hingegen eine Operette hervorbringen wollte, so wählte sie als Ort der Empfängnis eine Cottage-Villa. Als Ort der Geburt ein Bad Ischler Sanatorium.

Die Operette ist ein weites Land des Lächelns. Und belächelt wurden oft die, die für das Genre schrieben. Dabei wollte Puccini immer eine Operette und Lehár immer eine Oper schreiben. Beiden ist das nie gelungen, dennoch waren sie sagenhaft erfolgreich. Aber es ist ein in der Tonkunst weit verbreitetes Phänomen: Dass viele partout etwas wollen, was sie vielleicht weniger gut können. Wie diese zwei Komponisten.

Emmerich Kálmán war – wie viele berühmte Wiener seiner Zeit – Ungar. Ob Max Reinhardt, Franz Molnar, Franz Lehár, Karl Farkas oder Felix Salten: Ihr Beitrag zum geistigen Landschaftsbild der Stadt war enorm. Beweglichkeit, scharfer Witz, Ironie, Unternehmungslust, Freude am Spiel, am Bauen und am Ausschmücken, Musikalität, Sinn für Melodie und Rhythmus, Lebensfreude – all das sind Eigenschaften und Kräfte, die eine alte, ein wenig müde gewordene Kultur aufzumöbeln vermochten.

Kálmán kam nach Wien, um dasselbe zu tun wie Franz Lehár. Bei den Proben von „Herbstmanöver" Ende November

1908 an der Wienzeile war er auf der Suche nach einer Wohnung in der Nähe. „Da ist etwas frei gleich neben dem Theater an der Wien", sagte ein Mitarbeiter und vermittelte ihm ein Zimmer mit Klavier bei seiner Cousine – in der gar nicht so nahen Alserstraße 18.

„Ich bin in Wien picken geblieben", wird der ungarische Grandseigneur der silbernen Wiener Operettenära Jahre später sagen. „Hier habe ich gelernt, was Operette ist. Ich bin einer der Wiener Ungarn geworden, gehöre zur besonderen Spezies Hungarus Viennensis und bin damit gern einverstanden."

Keine Freunde waren sie: Lehár und Kálmán. In deren Lieblingscafé, dem „Sperl", war man peinlich genau darauf bedacht, ein Aufeinandertreffen der beiden zu vermeiden. Dazu kam es eines Tages dann doch zufällig im Theater an der Wien: Kálmán hatte einen Termin beim Direktor Wilhelm Karczag und legte im Vorzimmer seinen Mantel ab, als Lehár aus dem Büro des Direktors kam – und zum falschen Mantel griff. Kálmán bemerkte es und soll gesagt haben: „Ferenc, wenn du schon stiehlst meine Melodien, so lass mir wenigstens meinen Überzieher!"

Aber eines hatten die beiden Operettenkomponisten trotz ihrer wechselseitigen Antipathie doch gemeinsam: Ihre Hunde waren keine Musikfreunde. Joujou, eine kleine, kokette Hundedame, Lehárs Liebling, erwies sich als ausgesprochen leháfeindlich, denn sie begleitete sämtliche musikalischen Potpourris, ob nun Lehár selbst am Klavier spielte oder das Grammofon Musik machte, mit missbilligendem Geheul. Auch Kálmáns Dackel musste man, sobald der Meister Klavier spielte, immer ins letzte Zimmer der Villa verbannen. Aber vielleicht wäre auch nur der Lehár-Hund für Kálmán und der Kálmán-Hund für Lehár …

Die Hund' waren vielleicht kapriziös, aber Gesprächsstoff in ganz Wien. Die leichte Muse erlebte gerade einen ungeheuren

Aufschwung und mittendrin Kálmán: Ohne seinen Genius für beschwingte Motive, gewürzt mit Paprika und Zigeunerrhythmen, ohne „Die Csárdásfürstin", „Gräfin Mariza" oder „Die Zirkusprinzessin" wäre die silberne Ära der Operette gar nicht denkbar. Für Herbert von Karajan war sie sogar ein Maßstab für seinen Beruf: „Dirigieren kann man, wenn man Kálmáns Operette ‚Die Csárdásfürstin' mit einem schlechten Orchester hinkriegt."

Kálmán war kein feuriger Ungar. Viel eher glich er einem kühlen, erfolgreichen Geschäftsmann oder Anwalt, und tatsächlich hatte er Jura studiert. Er lächelte nur selten und gab überhaupt seinen Gefühlen kaum Ausdruck. In den vierziger Jahren, im New Yorker Exil, lebte er zufällig im selben Apartment-Hochhaus, 50 Central Park West, wie Robert und Einzi Stolz. Als sie Kálmán eines Tages in der Lobby trafen und beim Smalltalk bemerkten, sie hätten ihn in letzter Zeit nicht Klavier spielen gehört, sagte Kálmán frostig: „Emmerich Kálmán" – er sprach häufig von sich selbst in der dritten Person – „komponiert nur auf Bestellung."

Bis zu ihrem Tod 1928 lebt er in Wien 17 Jahre mit Paula Dworczak zusammen. Ein Jahr später heiratet er Vera Makinskaja, die eigentlich Marie Mendelsohn hieß und sich als verarmte russische Adelige ausgab. Ihre wahre Identität verschweigt sie bis zu ihrem Tod. Ebenfalls mit ins Grab nimmt sie ihr wahres Geburtsdatum, das sie niemals preisgegeben hat.

Als langbeiniges Ronacher-Nummerngirl ging sie, wie andere junge hübsche Frauen zur damaligen Zeit auch, regelmäßig ins Café Sacher – um eine gute Partie abzustauben. Mit fulminantem Erfolg. Kálmán flirtet mit ihr. Sie bekommt durch ihn eine kleine Rolle im Theater an der Wien. Sie bringt den biederen, um ein Vierteljahrhundert älteren Operettenkomponisten um seinen Verstand. Er nennt es Liebe und geht mit ihr zum Standesamt. Und das sogar zweimal.

Damit hat sie, die im Stummfilm begonnen und in Fritz Langs „Metropolis" einen kurzen Auftritt hatte, die Rolle ihres Lebens: Party-Girl und hemmungslose Shoppingqueen mit Vorliebe für Juwelen und extravagante Pelzmäntel. Das größte Wunder von allen: Der sonst bis in die Knochen knausrige Kálmán verzeiht seinem Paradiesvogel alles.

Vom Ring des 12. November (nach 1934 heißt der Bereich zwischen Stadiongasse und Schottengasse Dr.-Karl-Lueger-Ring und seit 2012 Universitätsring) ziehen die Kálmáns 1935 ins Cottage, wo auch Wolfgang Korngold wohnt.

Veruschka lässt die bombastische Villa in der Hasenauerstraße 29 – mit großer Halle, Salon, einem vier Meter hohen Kamin und Kassettendecke, Baujahr 1909 – zuerst von Heinz Rollig umgestalten. Für fast vier Jahre ist sie das Zuhause der Kálmáns. Für ihre bewegten Memoiren wählt Veruschka, die 1953 als Tantiemen-Witwe und Jetset-Schmetterling ihre Berufung fand, allerdings später den Titel: „Die Welt ist mein Zuhause."

Sie stilisiert sich zur Kunstfigur à la Norma Desmond der

Operette. Sie führt ein Leben als Inszenierung. Frisch sind ihre Erinnerungen auch noch im hohen Alter an „Schorschi" Jacobi. „Er war so ein zärtlicher Liebhaber", sagte Vera Kálmán in bester Laune, gewürzt mit ein bisschen Bosheit, zu Marika Rökk, die prompt konterte: „No, wem sagst du das, ich war doch lange genug mit ihm verheiratet."

„Wenn es Abend wird / und die Sonne sinkt / und der Geige Lied / von der Pußta klingt …", heißt es in „Gräfin Mariza" (1924). Den Komponisten Kálmán kennt die ganze Welt, denn Operettenkomponisten waren zu ihrer Zeit Unterhaltungsstars. Nur vergleichbar mit späteren Pop-Ikonen wie den Beatles oder Elvis Presley. Julius Brammer und Alfred Grünwald, die das Libretto schrieben, sind hingegen so gut wie vergessen.

Grünwald wurde nach dem „Anschluss" Österreichs 1938 von der Gestapo verhaftet, bevor er nach Paris emigrieren konnte und von dort über Casablanca und Lissabon 1940 in die USA gelangte. Seine Emigrantenerfahrung brachte er so auf den Punkt: „Heimat ist, wo das Glück dich grüßt." Und schrieb immer zu zweit an einer Operette. „Weil einem allein unmöglich soviel – nicht einfallen kann, wie zweien zusammen – nicht einfällt", scherzte er. „Die Gründung Roms, auch eine respektable Schöpfung, haben die Herren Romulus und Remus gemeinsam unternommen. Dies haben wir beide, Brammer und ich, bedacht, als wir beschlossen, unsere Werke gemeinsam zu verfassen."

Und wie schreibt man gemeinsam an einem Stück? „Das wird so gemacht, dass einer so lange immer das unmöglich findet, was dem anderen einfällt, bis das Buch fertig ist."

Bald nach der 400. Aufführung der „Bajadere" wandte sich Kálmán aus Ischl wegen eines neuen Buches an sein Librettisten-Duo in Wien. Daraus entwickelte sich ein von Brammer überlieferter Telegrammaustausch, der sich wie eine Kabarettnummer liest.

KALMAN AN BRAMMER, GRÜNWALD:
Drahtet, ob packendes Sujet für neue Operette. Solches, das mindestens 300 mal aufgeführt werden kann, bevorzugt. Grüße. Kalman.

BRAMMER, GRÜNWALD AN KALMAN:
300mal zu wenig. Haben Sujet für 500mal. Ungarische Gräfin, heißt Mariza, bildschön, besitzt vier Schlösser, hypothekenfrei, viele Verehrer, ist ledig. Was sagen Sie? Grüße Brammer Grünwald.

KALMAN AN BRAMMER, GRÜNWALD:
Bin begeistert. Besonders von ungarischer Gräfin. Was soll mit ihr geschehen? Drahtantwort. Kalman.

BRAMMER, GRÜNWALD AN KALMAN:
Gräfin hat Verwalter, den aber niemals vorher gesehen. Verwalter ist aber gar kein Verwalter, sondern selbständiger Graf. Brammer, Grünwald.

KALMAN AN BRAMMER, GRÜNWALD:
Bin entzückt! Sehr originell und spannend. Drahtantwort was, weiter. Herzlichst. Kalman.

BRAMMER, GRÜNWALD AN KALMAN:
Verwaltergraf besitzt außer kleiner Schwester kein Vermögen. Schwester lebt in Bukarest in allerfeinster Pension. Grüße. Brammer, Grünwald.

KALMAN AN BRAMMER, GRÜNWALD:
Drahtet, sofort, von was lebt Schwester? Kalman.

BRAMMER, GRÜNWALD AN KALMAN:
Haben Sie keine anderen Sorgen? Schwester hält Bruder noch für reichen Grafen, weiß nicht, daß reicher Graf jetzt armer Verwalter. Grüße. Brammer, Grünwald.

KALMAN AN BRAMMER, GRÜNWALD:
Großartig! Sehr modern, nur etwas zu lustig. Kalman.

BRAMMER, GRÜNWALD AN KALMAN:
Zwischen Gräfin und Verwalter Liebe auf den ersten Blick – stop

– Gräfin schwimmt in Wonne – stop – und Glück – Verwalter sehr zerstreut, vergißt wichtigen Brief auf Schreibtisch – stop – Gräfin findet Brief, glaubt, daß Verwalter nur ihr Geld liebt – stop – Gräfin rächt sich und schenkt Verwalter 200.000 Francs, worauf der Chor einsetzt – stop – Er wirft den Zigeunern das Geld hin, sie ihn hinaus – stop – Kleine Schwester erscheint. Tableaux. Der Verwalter weint, Publikum weint, alles weint, Chor, weil Stück so lange dauert, Musiker wegen Gagenerhöhung. Was sagen Sie zu diesem Finale? Brammer, Grünwald.

KALMAN AN BRAMMER, GRÜNWALD:
Drahtantwort, ob Schweizer oder französische Francs. Wenn letzteres, bin dagegen; will nicht, daß Gräfin in ihrem Schmerz noch Francsspekulation macht. Bin von Finale fasziniert. Finde es nur zu lustig. Vorschlage euch ganz neue originelle Wendung. Gräfin soll Verwalter trotzdem heiraten!! Was glaubt ihr? Grüße. Kalman.

BRAMMER, GRÜNWALD AN KALMAN:
Vielen Dank für Anregung. Sind begeistert. Heirat aber erst im dritten Akt möglich. Haben noch große Überraschung. Armer Graf hat reiche Tante. Schenkt ihm ganzes Geld. Neffe nimmt es! Was sagen Sie?! Eintreffen baldigst Ischl zur Arbeit. Brammer, Grünwald.

KALMAN AN BRAMMER, GRÜNWALD:
Beginne mit Komposition. Drahtet sofort zarten, duftigen, lyrischen Gesangstext für große Liebesarie. Kalman.

BRAMMER, GRÜNWALD AN KALMAN:
Komm mit nach Varasdin,
Solange noch die Rosen blüh'n.
Grüße, auf Wiedersehen! Brammer, Grünwald.

In Bad Ischl gingen Kálmán und Grünwald gemeinsam auf der Esplanade spazieren und sahen einen kleinen Buben, der hemmungslos heulte. „Warum weinst du denn, mein Kleiner?", wollte der Komponist wissen und bekam zur Antwort: „Mir ist mein Ball ins Wasser gefallen!"

Grünwald zeigt auf ein Spielwarengeschäft, und Kálmán erblickt in der Auslage einen kleineren – billigeren – und einen größeren Ball. Auf sanftes Drängen Grünwalds kauft der notorisch sparsame Kálmán schließlich doch den größeren Ball und überreicht ihn dem strahlenden Buben.

„Was möchtest du denn einmal werden?", fragt ihn der Spender. „Operettenkomponist", trompetet der, „so wie der Lehár!" Darauf wendet sich Kálmán grantig an Grünwald: „Hätt' ich ihm doch kaufen sollen den kleineren Ball …"

Nach dem „Anschluss" Österreichs an das nationalsozialistische Deutschland 1938 wurde die Situation für die österreichischen Juden prekär. Auch Kálmán musste ins Exil. Erst nach Paris, dann über Genua in die USA. „Es war schrecklich für meinen Vater. Wir gingen nach L. A., weil MGM die Rechte an einigen Werken gekauft hatte. Aber im Krieg wollte keiner österreichische oder ungarische Themen sehen", erinnert sich seine Tochter Yvonne.

Die Operette war in Hollywood nicht gefragt. Besser wurde es, als die Familie nach New York zog. „Wir hatten ein offenes Haus, immer stand ein Gulasch auf dem Herd. Greta Garbo, Marlene Dietrich, Erich Maria Remarque und seine Frau Paulette Goddard gehörten zur Clique meiner Eltern", erinnert sich Yvonne Kálmán. „Damals im Haus 417 Park Avenue, New York, wo ich aufwuchs."

„Yvonneka" war der Liebling des Vaters, saß unter seinem Klavier, wenn er komponierte. „Für Vater war die Zeit besonders schrecklich. Er vermisste Deutschland und Österreich trotz allem sehr." Es war seine Heimat, wo er mit der „Zirkusprinzessin", „Gräfin Mariza", der „Bajadere" und immer wieder mit der „Csárdásfürstin" rauschende Erfolge feierte.

Kálmáns Librettist Grünwald erfährt in der Emigration ein

ähnliches Schicksal. Auch er, bereits Mitte 50, musste sich wieder auf einen neuen Zeitgeist in einem völlig neuen kulturellen Umfeld einstellen – während seine Seele in Österreich blieb, in einem Wien, das es so gar nicht mehr gab. Grünwald tat sein Bestes, um sich mit den Gegebenheiten zu arrangieren. Sein Stück „Mister Strauss goes Boston" mit der Musik von Robert Stolz hatte am 6. September 1945 Premiere im New Century Theatre und auch gute Kritiken, wurde aber schon nach nur zwölf Aufführungen wieder abgesetzt.

Grünwald konnte an seine Vorkriegserfolge nicht mehr anknüpfen. Sein letztes Werk, das gemeinsam mit Gustav Beer entstandene Libretto für die Operette „Arizona Lady" von Kálmán wurde erst 1954 – drei Jahre nach seinem Tod – in Bern uraufgeführt, nachdem Kálmáns Sohn Charles die Komposition seines Vaters nach dessen Tod 1953 in Paris vollendet hatte.

„Weißt du, wie lange noch der Globus sich dreht, ob es morgen nicht schon zu spät!" Papa Kálmán kannte durchaus auch die Melancholie, den unter Tränen lachenden Weltschmerz. In seinen Werken schimmert nicht selten die Brüchigkeit ihrer Zeit durch – das macht sie gerade heute wieder so faszinierend. „Kálmán ist wie Puccini, aber zum Mittanzen." Oder, um es mit einem seiner Welthits zu sagen: „Ganz ohne Operette geht die Chose nicht."

Kálmáns Frau Vera war in einer „Emigration de luxe" jahrelang die schillerndste Party-Königin. Zu ihren rauschenden Festen im amerikanischen Exil in Hollywood kamen Marlene Dietrich, Greta Garbo, Clark Gable, Cole Porter, Buster Keaton, Maria Jeritza, Richard Tauber …

„Mein Leben war eine einzige Party. Ich bin gerne unter Menschen und seit 60 Jahren fast täglich auf zwei bis drei Cocktailpartys und Empfängen zu finden", diktierte „Madame Kálmán" noch mit ungefähr 85 Jahren einem Klatschreporter.

„Mein Fitnessprogramm besteht aus täglich einer Stunde Gymnastik und einer Massage um 9 Uhr früh. Das Aussuchen meiner Garderobe samt Juwelen, mich zu schminken und Termine bis spätestens zwei Uhr früh wahrzunehmen, halten mich jung."

Sie war der berüchtigte Prototyp aller Witwen von Operettenkomponisten, die lustig ihre Tantiemen verjubelten. Wann immer man sich in ein Gespräch mit ihr vertiefte, kam irgendwann ihr Lieblingssatz: „Ich habe immer à la carte gelebt." Und Ergriffenheit lag in der Luft. Vergessen waren die schlechten Zeiten, als im Exil das Kálmán-Vermögen und darob auch Veruschkas Lächeln einfror. Beim Wiener Kürschnermeister Alfred Rainer auf der „Fifth Avenü" verdingte sie sich als Pelz-Kleiderständer. Die Garbo orderte

unverständlicherweise nur Biber. Aber deren Begleiter entdeckte seine Leidenschaft für Vera: Die verließ Knall auf Fall den Vater ihrer drei Kinder und heiratete Monsieur Roland de la Croix. Ein tödlicher Flugzeugabsturz des Zweitgatten ließ sie aus allen Wolken fallen. Kálmán aber bewies wahre Liebe und ehelichte sie ein zweites Mal. Das hat sie ihrem seligen Imrusch nie vergessen. Im Schlaf, so verriet sie, während sie mit melancholischem Blick aus dem Fenster in die Ferne sah, begegnete sie ihm immer wieder. Auf einer Wolke ziehe er vorbei und flüstere: „Ich denke oft an dich, Veruschka. Mach dir keine Sorgen. Es geht mir gut." Und dann lächelt er.

THEODOR HERZL
DER VATER ISRAELS

Verschwunden ist die Tafel, die einmal am schmucken Backsteinbau in der Weimarer Straße 68 – heute Sitz der Thailändischen Botschaft – an den berühmten Mieter erinnerte: Theodor Herzl. Zur Welt kommt er – wie Felix Salten – in Budapest. Er ist Schriftsteller, Publizist und Journalist, von 1891 bis 1894 Korrespondent der „Neuen Freien Presse" in Paris, später ihr Feuilletonchef in Wien.

„Wie zierliche, elegant und reich gekleidete altkluge Kinder schickte er seine Feuilletons in die Welt hinaus", schrieb Felix Salten. „Sie hatten die vornehmsten Manieren, sie hatten die Grazie, die eine vollendete Erziehung verleiht, und ihre Gewänder waren übersät mit tausend kleinen, oft versteckten geschmackvollen Details …"

Noch weiß Herzl nicht, was er will. Als Autor von Lustspielen, Erzählungen und Novellen wäre er, wenn er „etwas sein möchte", am liebsten „ein preußischer Altadeliger" – er träumt von einer Karriere als Dichter. Herzl, Mitglied des deutschnationalen Corps „Albia", und Arthur Schnitzler kennen sich bereits als Studenten. Sie sitzen sich eines Tages gegenüber, „fixieren einander und finden einander unausstehlich".

Herzl sagt bei einem Abendspaziergang mit Schnitzler 1887, als sie gerade am neuen Burgtheater vorbeigehen, das sich noch im Bau befindet: „[…] da komm ich einmal hinein!" Das schafft er sogar, aber mit mäßigem Erfolg. Schnitzler bringt für Herzl nur mühsam Sympathie auf: „Es gehört meine ganze Objektivität dazu, um ihn nicht vollkommen unerträglich zu finden."

Mit seiner Schrift „Der Judenstaat" begründet er zwei Jahre später den theoretischen Zionismus. Den 1. Zionistischen Weltkongress 1897 in Basel eröffnete er mit dem Satz: „Wir wollen den Grundstein legen zu dem Haus, das dereinst die jüdische Nation beherbergen wird." In Weiterentwicklung seiner Gedanken kam es 1948 zur Gründung des Staates Israel.

„Wer in dreißig Jahren Recht behalten will", kokettiert der jüdische Revolutionär einmal auf der Rückseite seiner Visitenkarte, „muss in den ersten drei Wochen seines Auftretens für verrückt erklärt werden." Zuerst wohnt er bis 1898 in der Berggasse 6, nur ein paar Schritte trennen ihn von Sigmund Freud, der 1891 in das neu gebaute Haus Nr. 19 gezogen war.

Als eine „dunkle, auffallend schöne, ernste Erscheinung" beschreibt Olga Schnitzler den groß gewachsenen, stets makellos gekleideten Mann mit dem schwarzen Vollbart. Am 13. Oktober 1896 schreibt er in sein Tagebuch: „Ich muß es mir offen gestehen: ich bin demoralisiert. Von keiner Seite Hilfe, von allen Seiten Angriffe. [...] Die Juden, denen es gut geht, sind alle meine Gegner. So daß ich anfange, das Recht zu haben, der größte aller Antisemiten zu sein."

Auch sonst hat Herzl ganz normale Menschenprobleme: Seine Beziehung zur blonden kapriziösen Julie Naschauer aus jüdischem Nouveau-Riche-Milieu ist glücklos. Das „theure Prinzeßchen" quält ihn, versteht ihn nicht, treibt ihn aus dem Haus. Alles mündet in einen zermürbenden Ehekrieg.

Arthur Schnitzler verspricht er: „Man wird in Palästina Ihre Stücke besser spielen als im Burgtheater." Aber der sieht das

Land der Ahnen als eine „gnadenlose Steinwüste, öd und grauenhaft“ und bekennt sich zur Assimilation, „als Angehöriger einer Rasse, deren Beste überall in der Kultur ihres Wohnlandes aufgegangen waren oder mindestens an ihr mitarbeiteten“. Am Ende sieht sogar der Theoretiker des Zionismus ein: „Schnitzler? Er gehört hierher, auf diesen Boden – ganz ebenso wie Schubert.“

„Heute auf dem rüttelnden Omnibus beim Herausfahren nach Währung fiel mir der Titel meines Zion-Romans ein: Altneuland“, berichtet er mit Hinweis auf die Anlehnung an den Namen der Prager Synagoge „Altneuschul“. Das Buch hieß in der hebräischen Übersetzung „Tel Aviv“, „Frühlingshügel“.

Am 3. Juli 1904 stirbt Herzl – 44-jährig – an einem Herzleiden im Sanatorium in Edlach am Semmering. Zuvor hatte er noch seinen zionistischen Gesinnungsfreunden ins Stammbuch geschrieben: „Machet keine Dummheiten, während ich todt bin.“

Am Donnerstag, dem 7. Juli um 10 Uhr, beginnt die Beerdigung Herzls an seiner letzten Adresse Haizingergasse 29. Er hatte sich testamentarisch ein Begräbnis ärmster Klasse gewünscht, ohne Blumen und ohne Reden. Dem Armensarg folgen schweigend mehr als 10.000 Menschen auf den Döblinger Friedhof.

„Plötzlich“, so berichtet Stefan Zweig, „kamen auf allen Bahnhöfen der Stadt, mit jedem Zug bei Tag und Nacht aus allen Reichen und Ländern Menschen gefahren, westliche, östliche, russische, türkische Juden, aus allen Provinzen und kleinen Städten stürmten sie plötzlich herbei, den Schreck der Nachricht noch im Gesicht. Es war ein endloser Zug. Mit einmal merkte Wien, dass hier nicht nur ein Schriftsteller gestorben war, sondern einer jener Gestalter von Ideen, wie sie in einem Land, in einem Volk nur in ungeheuren Intervallen auftreten.“

Herzl hatte verfügt, seine Gebeine nach Palästina zu überführen, sobald das große Ziel erreicht sei. 1949 wurden seine sterblichen Überreste auf einem nach ihm benannten Berg in Jerusalems Neustadt beigesetzt.

W E I M A R E R S T R A S S E 8 7

VILLA DUSCHNITZ VON ADOLF LOOS

S T E R N W A R T E S T R A S S E 7 0

VILLA GESSNER

ARCHITEKTEN BAUEN IM GRÜNEN

Die einen bauen Luftschlösser. Andere Häuser für Familien. „Um ein Wohnhaus bauen zu können, muss man selbst wohnen können. Das allein ist eine Kunst", postulierte Robert Oerley.

Die Peripherie der Stadt ist der Ort eines Übergangs. Wer hier baut, kann die architektonischen Gesten der Stadt noch einmal verdichten oder aber sich vom Urbanen distanzieren und in der grünen Idylle die Sehnsüchte des Individualisten verwirklichen.

Die ersten Siedler und Bewohner der repräsentativen Prachtbauten im beschaulichen Villenvorort, der bis heute sein besonderes Flair bewahrt hat, waren Fabrikanten, Kaufleute, Professoren, Opernsängerinnen, Hofbürokraten, Zeitungsredakteure und „Private".

Zuerst entstanden im Viertel innerhalb der Straßenzüge Sternwarte- und Gymnasiumstraße, Haizinger- und Cottagegasse Villen im Stil des englischen Landhauses, später – in der Fortsetzung der Erfolgsstory – auch im französischen und italienischen Baustil, als das Areal nach Oberdöbling jenseits der Hasenauerstraße über die Gregor-Mendel-Straße bis zur Peter-Jordan-Straße erweitert wurde.

Durch die Beteiligung einer ganzen Reihe von Architekten an der Entstehung dieser Wiener Vorortsiedlung sind die Häuser in einer der wohlhabendsten Wohngegenden Wiens stilistisch sehr heterogen. In Währing und Döbling findet sich eine Villenkolonie, mit von alten Bäumen überdachten Alleen und mit bewegter Vergangenheit, wo das Idealbild des „Häuschens im Grünen" überlebt hat.

Die seit den 1870er-Jahren erbauten bezaubernden alten Häuser – oft mit roter Backsteinfassade und ländlichen Bauelementen – machen das Cottage zur Nobelgegend Wiens. Sie wirkt an manchen Ecken wie eine verschlafene Landhaussiedlung, die in den letzten Jahren aus dem Dornröschenschlaf erwacht ist.

Manches Haus ist völlig eingewachsen, andere liebevoll gestaltete Gründerzeitvillen sind frisch renoviert. Ein Refugium im Grünen zu besitzen, das hatte stets Stil. Und versprach Lebensqualität: Ruhe, Sonnenlicht und frische Luft. Architektonische Farbtupfer für die Leute von Rang und Namen lieferten einst Heinrich von Ferstel, Carl von Borkowski, Josef Hoffmann, Franz von Neumann, das Duo Fellner und Helmer, aber auch Adolf Loos, Robert Oerley oder Oskar Marmorek.

„My home is my castle" – lässt sich in den angelsächsischen Ländern leicht sagen, wo sogar der Hilfsarbeiter sein eigenes reingescheuertes, efeuumranktes Rotziegelhäuschen, eben sein „Cottage" hat. Denn in diesen Ländern wird in der Regel nicht in der Stadtwohnung, sondern im Einzelhaus, auch wenn es noch so klein und unscheinbar aussieht, gewohnt. An der Peripherie englischer Großstädte liegen Tausende und Abertausende solcher Villenansiedlungen, wo Häuser in allen Preislagen zu kaufen und zu mieten sind.

Vor der Jahrhundertwende gingen die vornehmeren Klassen auch in Wien daran, dem englischen Vorbild zu folgen. Insgesamt hat der Wiener Cottage Verein mehr als 350 Häuser errichtet.

Heute würde man ihn einen innovativen Projektentwickler nennen: Carl von Borkowski, ein Schüler und zwei Jahre lang der Assistent Ferstels, hat die Parzellierung und die ersten 50 Bauten in einfacher, gotisierender Form für die edle bis noble Gartenstadt geplant, errichtet und verkauft. Für sich selbst baute er 1884 die Villa in der Colloredogasse 27 und wohnte dort mit seiner Familie bis 1892. Trotz einiger Zu- und Umbauten entspricht das Äußere des Hauses heute noch ungefähr dem Originalzustand.

Jedes Haus im von gepflegter Natur umgebenen Viertel sieht anders aus. Wildromantisch manchmal, wenn der Efeu wuchert. Das Grätzel mit den guten Adressen war ein perfektes Abbild der großbürgerlichen Gesellschaft Wiens.

In einem euphorischen Kommentar in der Wiener Bauindustrie-Zeitung aus dem Jahr 1883 wurden dem Cottage die Vorteile der Sommerfrische attestiert. Zwei Jahrzehnte später sah der Publizist Joseph August Lux in seinem Buch „Das moderne Landhaus" die Situation in Wien kritischer. Die Villen „sind durchaus trostlos und offenbaren sich als ein Allerlei von Stilformen, als ein Ragout von Erkerchen, Türmchen, Giebelchen, von denen in der Regel kein Mensch weiß, warum sie da sind. Ein Beispiel mag für viele gelten, die zu hunderten den ursprünglichen Charakter der ländlichen Stadtumgebung verunzieren".

Diese „schablonenhaften Familienhäuser" seien „unbequem wie ein schlechtsitzender Rock", auf das rein Äußerliche komme es hauptsächlich an „bei diesen Dutzendhäusern". Die „wohlfeile Industrie" liefere „den ganzen architektonischen Schmuck. Ornamente aus Gips und Sand gegossen, in allen Stilarten vorrätig, das Sezessionistische inbegriffen".

Tatsächlich führten die Auswüchse der Villenarchitektur zu zwölf Türmen allein in der Colloredogasse, „ohne dass wir dieser Epidemie Einhalt tun konnten", wie der Cottage-Baudirektor Hermann Müller zugeben musste.

Alles sei „Lüge und Maskerade", klagte Lux. Solche Häuser hätten „mit der heimatlichen, bodenständigen Kultur nichts gemein". Nicht der Schein sollte den Villenbau beherrschen, das moderne Landhaus sollte vielmehr durch die Bedürfnisse und Notwendigkeiten seiner Bewohner bestimmt werden.

Durch die große Nachfrage und zunehmende Beliebtheit des Währinger Cottage erweiterte der Verein 1884 das Cottage-Gebiet nach Oberdöbling. Neben Beamten und Offizieren entdeckten immer mehr Musiker, Schauspieler und Redakteure, aber auch Fabrikanten, Großhändler, Professoren und Ärzte das Cottage als neue Nobeladresse für sich. In Wien eingemeindet wurde Währing als 18. Bezirk erst am 1. Jänner 1892.

Mit dem Wandel der Sozialstruktur innerhalb des Cottage Hand in Hand ging eine baukünstlerische Veränderung. Waren in der ersten Bauperiode mehr Zweifamilien- als Einfamilienhäuser erbaut worden und das Dekor der Häuser auf Einfachheit, Zweckmäßigkeit und günstigen Kostenaufwand ausgerichtet, entstanden nach dem Austritt Carl von Borkowskis als Direktor der Baukanzlei 1895 zunehmend freistehende Villen, deren Gestaltung sich ebenso am italienischen und französischen Stil orientierte wie an der deutschen Renaissance und dem Wiener Barock.

Neue Architekten von außen brachten in diese „Wiener Melange" neue Ideen und eine größere Vielfalt in der äußeren Erscheinung der Häuser. Der Bauboom vor allem in den Jahren 1890–1914 ließ neben Ein- und Zweifamilienhäusern auch Mietvillen in Form von Mehrfamilienhäusern entstehen und machte aus dem anfangs „bescheidenen" Cottage im Vorort Währing eine Nobelgegend im 18. und 19. Bezirk.

Trotz der Dominanz der am Historismus angelehnten Baukunst gelangten mit Hoffmann, Loos und Oerley auch Vertreter der modernen Architekturströmung ins Cottage. Mit ihren Villenbauten und Wohnhausausstattungen brachen sie das konservativ-historistische Bild der Cottage-Anlage ein wenig auf. Obwohl die historistische Villenbauweise als Hauptmerkmal des Viertels weiterhin bestehen blieb.

Adolf Loos und Josef Hoffmann waren Antipoden, beide nachhaltig von Otto Wagner beeinflusst. Dessen Postsparkasse

(1904–1906) stellte glanzvoll alles in den Schatten, was der Mitbegründer der Wiener Schule zuvor entworfen hatte. Loos' und Hoffmanns konträre Positionen prägten die Wiener Moderne. Ähnlich wie Hoffmann richtete sich zwar auch Loos gegen die rückwärtsgewandte Sicht im Bauwesen, suchte nach Erneuerung und erntete Spott für sein „Haus ohne Augenbrauen" am Michaelerplatz, wie es Eduard Pötzl bezeichnete. In den 1910er-Jahren empfand halb Wien die schmucklose Fassade dieses Eisenbetonskelettbaus gegenüber der kaiserlichen Hofburg als Provokation oder Beleidigung.

Im Wien der Jahrhundertwende war Loos ein begabter Weltverbesserer und Architekt obendrein. Ihm war alles Architektur. Sogar über Unterwäsche ereiferte sich Loos in einem Artikel. Wäre es nach ihm gegangen, und vieles ist nach ihm gegangen, stünden wir heute recht schlicht und schnörkellos da. Dekor sei überflüssig, Vergeudung, pathologisch, primitiv, etwas für Kaffer, Perser, slowakische Bäuerinnen, die Spitzen stickten.

In einer fulminanten Polemik verurteilte Loos das Ornament als Verbrechen. „Der moderne mensch, der mensch mit den modernen nerven, braucht das ornament nicht, im gegenteil, er verabscheut es. Unsere kleidung, unsere maschinen und alle gegenstände des täglichen gebrauches haben nach der französischen revolution kein ornament mehr. bis auf die dinge, die der frau gehören – das aber ist ein anderes kapitel."

Der Mann, dessen Grabstein die selbst gewählten Worte zieren: „Adolf Loos, der die Menschheit von unnützer Arbeit befreite", hat die Ornamentdebatte eröffnet und ob es nun um Fragen zu Architektur, Interieur oder Kleidung ging: Adolf Loos' radikal moderne Ideen und sein Gegenkonzept „zum falschen Luxus der Parvenüs" provozierten die Zeitgenossen. Und wirken bis heute nach.

Noch bevor Hoffmanns klassische Bauten – unter anderem die Villenkolonie Kaasgraben – fertig waren, hatte der Querdenker und Ornamenthasser Loos in der Larochegasse in Hietzing 1912 zum ersten Mal seine Idee des Terrassenhauses realisiert, die Villa Scheu. Und war damit seiner Zeit voraus: dekorlos, mit glatten Mauern, dreistufig mit Flachdach ohne Überstand.

Loos, der Pionier der Moderne, Lebensreformer und Polemiker, wollte Proletarier zu Aristokraten erziehen. Das war seine Vorstellung von Sozialismus. In seinen Texten und Vorträgen zur richtigen Lebensart ließ er nichts unkommentiert: Kleidung, Wohnen, Sitzen, Liegen und Essen. Neben der Konzeption und Ausstattung von Kaffee- und Geschäftslokalen drückte er seinen Wunsch nach Modernität in Villenbauten für das Wiener Bürgertum aus.

Die 1904 von Carl von Borkowski errichtete Villa in der Weimarer Straße 87 etwa hatte ursprünglich den Hauseingang vorne. Adolf Loos baute sie für den Filzfabrikanten Duschnitz 1915/16 um, versetzte den Eingang auf die Gartenseite und fügte kubische Elemente mit Terrassen und einen Turm hinzu. Frisch, lebendig und kraftvoll wirken noch heute die Innenräume von Loos' Privathäusern.

Loos war streitbar, unbeirrbar in seiner Meinung und führte Krieg gegen Form und Sitte seiner Umwelt. Nur war der Loos-Krieg kein Kampf eines Raunzers, sondern der eines entschlossenen Mannes, der den künstlerischen und anderen Dingen Wiens den richtigen Weg zeigen wollte. Der überzeugt war, dass seine Kunstauffassung richtig und beinahe unfehlbar sei. So kämpft Loos viele Jahre lang, nicht um Geld zu verdienen, sondern um seine Welt und sein Werk durchzusetzen.

Prinzipiell ging er immer wieder auf jene los, die anderer Meinung waren als er selbst. Er entfesselte einen Krieg gegen das Kunstgewerbe der Wiener Werkstätte, gegen die modische Herrentracht machte er bei jeder Gelegenheit Krach, er verhöhnte die Wiener Küche, deren Knödelkultur ihm gegen den Geschmack und auf die Magennerven ging. Weil er so rücksichtslos in seiner Art zu räsonieren war, hatte er in Wien eine Menge Feinde.

In sein Urteil über Menschen und Kunst hat sich Loos nie dreinreden lassen, war nicht aus Höflichkeit höflich, wickelte seine Ansichten nie in Watte und sagte jedermann rundheraus, was er über ihn zu sagen hatte. Gleich vehement sausten Sympathie und Antipathie nieder.

In Wien bekam er Aufträge fortschrittlich gesinnter reicher Menschen der Gesellschaft, die an ihn und seine Lehre glaubten. Die Wohnungen, die er machte, waren sehr teuer. Denn Loos sparte nicht mit echtem Material: Marmor, den er selbst aussuchte, edles Holz, reines Metall, und keines seiner Materialien durfte durch irgendwelche Zutaten entstellt werden.

Wenn er für jemanden arbeitete, war eine persönliche Beziehung des Auftraggebers zu Loos selbstverständlich. Für einen, der ihm nicht ergeben war, der ihn nicht schalten und walten lassen wollte, wie er wollte, für den war Loos niemals der richtige Künstler.

Loos schrieb seine Ansichten über Kunst und tägliches Leben, über Baumaterialien, Damenmode, über alte und neue Möbel, über Luxusfuhrwerke, Herrenhüte, Bronzeindustrie, Glas und Ton, über Wiener Protektion und Wiener Cliquentum, rücksichtslos-vehement mit der Überzeugtheit des Fanatikers lange vor der Zeit nieder, da er in Wien *en vogue* war und lange bevor er schließlich von Wien aus die Welt eroberte.

Hartnäckig in seinem Wert- und Unwerturteil und verbissen bis zur Manie, gehörte er zu den originellsten Menschen in Österreich, die von Zeit zu Zeit dadurch auffallen, dass sie mit ihrer Meinung zu gewissen Dingen alleine dastehen. Sie könnten sich ganz gut dem Massengeschmack anbequemen, ihnen aber gefällt die Isoliertheit ihrer Lebensanschauung.

Loos hat sich nie an jene Moden gehalten, die von Zeit zu Zeit kreiert werden, um mit ihnen ihre Erfinder zu kreieren. Er hielt sich im Wesentlichen an die Gesetze englischer Wohnungskultur, die er nach eigenem Einfall variierte. Er hat in Wien eine ganze Anzahl von Wohnungen geschaffen, jede mit seiner unverkennbaren Handschrift.

Wohnungen hat er vielfach um die Besteller herum gestaltet, weil er der Ansicht ist: Nicht jeder Mensch gehört in die Wohnung, die er sich denkt. Loos ist in diesen Belangen sehr hartnäckig, er baut eine Wohnung nach eigenem Empfinden und lässt sich vom Auftraggeber nicht viel dreinreden.

„Wenn es Ihnen nicht passt, dann gehen Sie zu einem anderen", konnte man von ihm oft hören. Er war nicht der Mann, bei dem man eine Wohnung bestellte, sondern einer, der sich herbeiließ, jemandem eine Wohnung einzurichten.

***

Die Blumenschalen vor dem Haupteingang der Wiener Secession hat er gestaltet: Robert Oerley, gelernter Tischler und Baumeister und als Architekt Autodidakt. Verblüffend schmucklos und schön kommt sein Hauptwerk daher: Das ehemalige Sanatorium Luithlen in der Auerspergstraße 9, später umgewandelt in das Auersperg-Sanatorium, ist 1908 eines der ersten ornamentlosen Häuser in Wien.

Hier wird im Oktober 1923 Sigmund Freud, dessen Psychoanalyse Egon Friedell „eine Mischung aus Talmud und Junggesellenliteratur" nennt, wegen seiner Mundhöhlenkrebs-Erkrankung am Oberkiefer und Gaumen operiert. Nach der Schließung 1962 mutiert die Krankenanstalt zum Studentenheim und 2006 zur Filiale „The Parliament" der Designhotel-Kette „The Levante".

Rund 20 Villen und Landhäuser, die Oerley in Wien, Tirol, der Tschechoslowakei oder in der Türkei errichtet hat, sind Einzelanfertigungen: Unikate ohne spezifische architektonische Handschrift. Oerley hält sogar den „allzu persönlichen Ausdruck" in der Architektur für ein „Zeichen der Unkultur", die Aneignung von gelungenen Lösungen für erforderlich. „Das als gut Erkannte soll Allgemeingut werden", fordert er 1924.

Zu seinen Jugendstilwerken zählt unter anderem ein Miethaus mit verglasten Veranden (19., Weimarer Straße 98/ Lannerstraße 18, 1904–05). Modern wirkt Oerleys eigene Villa (18., Lannerstraße 14, 1904), die er aus einem beinahe quadratischen Grundriss und einem Würfel plus einem steilen Pyramidendach entwickelt hat.

Sein vielleicht schönster Entwurf ist das Doppelmiethaus in der Vegagasse 17–19 (1905/06). Den kubischen Baukörper ergänzen zwei flache Randerker. Die glatte Fassade wirkt durch schachbrettartig eingelassene Streifen aus Steinzeug fast wie ein Möbelstück dezent geschmückt.

Das Gegenteil dieser gediegenen Einfachheit ist die Villa Schmutzer (18., Sternwartestraße 62–64). Oerley entwarf sie gemeinsam mit dem Bauherren, dem Maler, Zeichner und Radierer Ferdinand Schmutzer. Der Architekt stand vor dem Problem, Türen, Gitter, Reliefs und dergleichen aus der Antiquitätensammlung Schmutzers ins Haus gleichsam einzubauen, das auf der Straßenseite barocke Stilelemente aufweist und auf der Gartenseite mehr der Architektur des Biedermeiers folgt. Und die pittoresken Schornsteine wurden nach Skizzen, die Schmutzer in der Wachau zeichnete, angefertigt.

„Etwas Unpraktisches kann nie schön sein", predigte Otto Wagner. Und Oerley, ein glühender Anhänger der Wagner-Schule, erhebt zum Grundsatz: „Das Praktische soll schön sein." Oerley stirbt am 15. November 1945: Just vor der Wiener Secession, deren Präsident er 1912 geworden war, erfasst ihn ein Lastauto.

***

Hubert Gessner, einer der wichtigsten Architekten des „Roten Wien" und der aufstrebenden Arbeiterbewegung am Anfang des 20. Jahrhunderts, war ein verhaltener Modernist. Er baute unter anderem den Reumannhof (1924/25), den Lassallehof (1925) und die Gartenstadt Jedlesee (1924–1932). Außerdem das Favoritner Arbeiterheim (1902), das „Vorwärts"-Gebäude (1907) auf der Rechten Wienzeile – einst Sitz der Sozialdemokratischen Arbeiterpartei sowie vom Verlag und der Druckerei der „Arbeiter-Zeitung", der nach dem Abriss der Druckerei ein Hotel wurde.

Einen „Meister der strengen Sachlichkeit" nannte ihn die „Allgemeine Zeitung" schon vor der Eröffnung der von ihm entworfenen Augartenbrücke (1929–1931). Das Œuvre des vielbeschäftigten Otto-Wagner-Schülers, der zeitlebens zwischen Tradition und Moderne stand, umfasst Großbäckereien und andere Fabrikgebäude ebenso wie Bezirkskrankenkassen und große Wohnhausanlagen – mehr als 90 Objekte insgesamt. Darunter auch private Villen.

1907 heiratet Gessner die Norwegerin Margit Liederhans (geb. Schjelderup, 1870–1953) und errichtet für seine Familie in der Sternwartestraße 70 eine Villa mit weit vorgezogenen Dächern, Mosaiken und streng symmetrisch gestalteter Straßenfassade, die glatt und sachlich wirkt.

Die „Gessner-Villa" mit den „bow windows", nach außen gewölbten Fenstern, zeigt Einflüsse mediterraner Architektur ebenso wie des englischen „Country House". Im Erdgeschoß hatte Gessner sein Atelier, im Obergeschoß befanden sich die Wohnräume. Das Haus wurde 1934 an den Sohn des mit Gessner

befreundeten Industriellen Fritz Regenstreif verkauft, gelangte im Zuge der „Arisierungen" in den Besitz des Dirigenten Karl Böhm, war nach dem Krieg Sitz einer Botschaft und ist seit 1980 wieder in Privatbesitz.

Zur finanziellen Absicherung seiner Familie errichtete Gessner 1934 ein mehrstöckiges Haus mit Mietwohnungen und Geschäften in der Gersthofer Straße 147 / Scheibenbergstraße 52. Der Architekt, der eine der Wohnungen bewohnte, gestaltete die Details, wie zum Beispiel die beiden vasenartigen Gartengefäße beim Hauseingang, den kleinen Hofgarten und das mit Rosen dekorierte Schmiedeisengitter.

Für seine Tochter Margaretha Slupetzky-Gessner war der Vater „ein Sozialist des Herzens". Für den Kunst- und Architekturkritiker Jan Tabor auch „ein Architekt des Herzens – kein Wegbereiter der modernen Architektur wie Wagner, Hoffmann oder Loos, er war aber auch kein Nachläufer. Er blieb stets zeitgenössisch." Für Gessner gelte auch der Ausspruch von Adolf Loos, er wolle „alle Menschen zu Aristokraten machen, nicht alle Menschen zu Proleten".

Alle Gessner-Bauten sind zweckmäßig und schön zugleich – ganz im Sinne Otto Wagners, wonach nichts schön sein kann, was nicht praktisch ist. Nach der gewaltsamen Niederschlagung der Sozialdemokratie im Februar 1934 erhält Gessner keine großen Aufträge mehr und wird nach dem „Anschluss" zeitweise mit Berufsverbot belegt. Er stirbt noch während des Zweiten Weltkriegs, am 29. Januar 1943, an Herzversagen und wird auf dem Neustifter Friedhof in Wien beigesetzt.

***

Suizid am Dienstag, dem 6. April 1909. Am Nachmittag fährt Oskar Marmorek – drei Tage vor seinem 46. Geburtstag – im Einspänner von seiner Wohnung am Maximilianplatz (heute: Rooseveltplatz) zum Zentralfriedhof und erschießt sich dort am Grab seines Vaters. Die Verzweiflungstat eines Mannes, der unter Depressionen, einer schlechten Auftragslage und den Nachwehen einer schmerzhaften Operation gelitten hatte. Der aber als einer der bedeutendsten Architekten um 1900 zugleich auch an der Stadtgestaltung Wiens, und als Zionist und Wegbereiter an der Gründung des Staates Israels maßgeblich beteiligt war.

Schon für die Vergnügungsstadt „Venedig in Wien" des Theaterunternehmers Gabor Steiner, auf dem Gelände des ehemaligen Kaisergartens im Prater im Mai 1895, lieferte der aus Galizien stammende Marmorek die Pläne: Venezianische Bauwerke und mit Gondeln befahrbare Kanäle wurden kunstvoll nachgebildet. Kaufläden, Restaurants, Cafés, Champagner-Pavillons, Heurige und Biergärten hatten bis 4 Uhr morgens geöffnet. Die Bühnen brachten französische Lustspiele, Lokalpossen, Ausstattungsoperetten, Revuen, Ballette, große internationale Varietés, Kabaretts und Ringerturniere … Mehr als zwei Millionen Menschen besuchten im ersten Jahr die Attraktionen dieses vielleicht ersten Themenparks der Welt im „Englischen Garten".

Davor war Marmorek schon der Chefarchitekt der „Internationalen Musik- und Theaterausstellung" und Schöpfer des Spektakels „Alt-Wien – Der Hohe Markt vor 200 Jahren". Derartige historische Rekonstruktionen hielt er für „plastische Illustrationen" oder „architektonische Journalistik". Während sie längst vergessen sind, prägen Marmoreks Miethäuser, die zu den ersten secessionistischen Bauten in Wien zählen, das Stadtbild bis heute: Der „Nestroyhof" in der Praterstraße 34, erbaut für seinen Schwiegervater Julius Schwarz, ist stark von Otto Wagner inspiriert. Marmoreks Modernität zeigt sich auch beim markant turmartigen „Rüdigerhof" in der Hamburgerstraße 20.

Marmoreks Credo im Zuge seiner Arbeit für die zionistische Bewegung und als Architekt: „Alles, was verwirklicht werden soll, muss zuerst ein Traum sein in dem Kopfe des Schaffenden. Auch ein Projekt zum Bau eines Hauses ist zuerst ein Traum im Kopfe des Architekten."

Marmoreks erster eigenständiger, nicht realisierter Entwurf eines größeren Familienhauses für den Währinger Cottage Verein 1887 folgt dem Villen-Typus der Frühphase der „Cottage-Bauweise". Terrassen, Loggien und Balkone sollten den asymmetrisch gegliederten Bau zum Garten hin öffnen und kleinteilige schmuckreiche Formen der deutschen Renaissance die malerische Wirkung des Bauwerks noch verstärken.

Die nach 1900 im Cottageviertel errichteten Einfamilienhäuser hat Marmorek bereits im Jugendstil gestaltet, der – heute der Stolz Wiens – einst oft als „Judenstil" verspottet wurde. Das gut erhaltene Familienwohnhaus Lannerstraße 28 – sehr ähnlich dem Nachbarhaus Nr. 30 – gilt als Beispiel für den seltenen Einfluss der französischen *Art nouveau* in Wien, der neben deren fließenden Formen in den Dekorelementen auch den geometrischen Formen der Wiener Secession verpflichtet ist.

Oskar Marmoreks Bruder Alexander war ein weltberühmter Forscher. Nachdem er bewiesen hatte, dass die Lymphknoten bei der Abwehr von Bakterien eine wichtige Rolle spielen, machte ihn Louis Pasteur mit 28 Jahren zum Laborchef am Institut Pasteur in Paris. Sein 1903 entwickeltes Serum gegen Scharlach war ein wichtiger Schritt in der Entwicklung der Serologie.

Als begeisterte Zionisten zählen die beiden Marmoreks zu Herzls „Elitetruppe in Wien". Im Frühjahr 1903 begleitet Oskar Marmorek Herzl auf seiner El-Arisch-Expedition nach Sinai. Er beschäftigt sich mit Fragen des Siedlungswesens und der Architektur des künftigen Judenstaates, ohne dass je eines seiner Projekte in Palästina realisiert worden wäre. Aber er entwirft das Grabmal für seinen Freund Herzl auf dem Döblinger Friedhof.

Der wiederum hat in ihm „den ersten Baumeister der jüdischen Renaissance" gesehen und Marmorek mit der Figur des Architekten Steineck in seinem 1902 erschienenen utopischen Schlüsselroman „Altneuland" – in der hebräischen Übersetzung hieß er „Tel Aviv", „Frühlingshügel" – ein literarisches Denkmal gesetzt. Darin beschreibt Herzl seine Vorstellungen eines Palästina im Jahre 1923. „Wenn Ihr wollt, so ist es kein Märchen", heißt es in „Altneuland" und im Postskriptum: „Wenn Ihr aber nicht wollt, so ist es ein Märchen, was ich euch erzählt habe." Während Karl Kraus Herzl und dessen „Luftschlösser von Zion, erbaut von Herrn Marmorek" spöttisch ins Visier nimmt.

LITERATUR – EINE AUSWAHL

Adler, Guido: Wollen und Wirken. Aus dem Leben eines Musikhistorikers, Wien 1935.

Baur, Eva Gesine: Freuds Wien. Eine Spurensuche, München 2008.

Bermann, Richard A. alias Höllriegel, Arnold: Hollywood – Wien und zurück, Wien 1999.

Brunnbauer, Heidi: Im Cottage von Währing/Döbling ... Interessante Häuser – interessante Menschen I, II, III., Gösing 2003, 2006, 2009.

Die Bühne. Theater- und Kulturmagazin, 1924–1938.

Carroll, Brendan G. und Gruber, Gerold W.: Erich Wolfgang Korngold: Das letzte Wunderkind, Wien 2008.

Frey, Stefan: Emmerich Kálmán. Eine Operettenbiografie, Berlin 2003.

Gabriel, Alfons: Fremde Meere, Dschungel, Wüsten, 1948.

Geber, Eva: Der Typus der kämpfenden Frau, Wien 2013.

Grieser, Dietmar: Nachsommertraum, St. Pölten/Wien 1993.

Hadamowsky, Franz: Hugo Thimig erzählt, Graz/Köln 1962.

Hülsemann, Irmgard: Lou. Das Leben der Andreas-Salomé, München 1998.

Hullah, Annette: Theodor Leschetitzky, London 1906.

Kristan, Markus: Oskar Marmorek. Architekt und Zionist 1863–1909, Wien 1998.

Mattl, Siegfried und Schwarz, Michael: Felix Salten. Schriftsteller – Journalist – Exilant, Wien 2006.

Pauli, Hertha: Der Riss der Zeit geht durch mein Herz. Ein Erlebnisbuch, Wien 1970.

Simon, Anne-Catherine: Schnitzlers Wien, Wien 2002.

Tressler, Otto: Vor und hinter den Kulissen. Erinnerungen eines Burgschauspielers, Wien 1950.

Trimborn, Jürgen: Johannes Heesters. Biographie, Berlin 2003.

Troller, Georg Stefan: Das fidele Grab an der Donau. Mein Wien 1918–1938, Wien 2004.

Wagner, Renate: Wie ein weites Land. Arthur Schnitzler und seine Zeit, Wien 2006.

Bildnachweis:
Die Fotos stammen von Werner Rosenberger, dem Archiv des Autors und des Metroverlags sowie der Österreichischen Nationalbibliothek. Das Foto von Arik Brauer (S. 18) stammt von Jeff Magione (KURIER). Das Foto von Felix Salten (S. 91) stammt aus seinem Nachlass (Archiv Lea Wyler, Zürich). Die Rechte der Bilder von Michael Schnitzler (S. 115), Georg Stefan Troller (S. 133) und Emmerich Kálmán (S. 211) liegen beim ORF. Das Bild der Familie Korngold (S. 202) wurde im Rahmen der Ausstellung „Leben! Juden in Wien nach 1945" im Jüdischen Museum Wien 2008 gezeigt. Konnten in einzelnen Fällen die Rechteinhaber der reproduzierten Abbildungen nicht ausfindig gemacht werden, bitten wir Sie, dem Verlag bestehende Ansprüche zu melden.

© 2014 METROVERLAG
Verlagsbüro W. GmbH
www.metroverlag.at
Alle Rechte vorbehalten
Printed in the EU
ISBN 978-3-99300-188-9